JN096857

実在論の新展開

●ポストモダニズムの終焉

河野勝彦 KONO katsuhiko

New Movement of Realism

文理閣

まえがき

二一世紀になってこれまでのポストモダニズムに代わって、新しく実在論が論じられるようになった。現代思想の潮流は明らかに新しい潮目を見せている。マウリツィオ・フェラーリスの言葉の通り、「(解釈学・ポストモダニズム・言語論的転回など) その様々なヴァージョンにおいて反実在論の方向に振れた二〇世紀の思想の振り子は、新しい世紀に入るとともに実在論の方向へと動いた」(本書一四七頁) のである。二〇世紀の哲学においては、実在論は哲学のテーマと見なされなかったが、世紀の変わり目とともにポストモダニズムが終焉を迎え、実在論が新たに展開されるようになったのである。

新しい実在論の動きへの注目は、二〇〇七年四月二七日にロンドン大学ゴールドスミス校で持たれた「思弁的実在論」についてのコロキウムに発している。このコロキウムには、グレアム・ハーマン、イアン・ハミルトン・グラント、レイ・ブラシエ、そしてカンタン・メイヤスーの四人が参加している。そしてそこで提示されたカンタン・メイヤスーによるカント以来の近現代哲学が陥っていた相関主義 (corrélationisme) への批判が、共通公理となり新たな実在論の覚醒への道を拓いていくことになった。実在論の論者には、この四人の他にも、新実在論を唱えるマウリツィオ・フェラーリスやマルクス・ガブリエルがいる。

本書は、この実在論の新展開を、カンタン・メイヤスー、グレアム・ハーマン、マウリツィオ・フェラーリス、マルクス・ガブリエルの思想を批判的に紹介するとともに、私自身の考える実在論のプロフィールを提示することを目的としている。

ここでは、本書の各章の概要を示し、本書の案内としたい。

第1章「カンタン・メイヤスーの思弁的唯物論」では、メイヤスーがなぜ「実在論」ではなく「唯物論」でなければならないと言うのか、近現代哲学の陥っている思惟との相関においてしか対象自体に接近できないという相関主義の壁を、相関主義を前提しそれを認めた上でいかに突破し、大いなる外、絶対的なもの、ハイパーカオスとしての「無理由の原理（le principe d'irraison）」＝「事実論性の原理（le principe de factualité）」へと至るかを『有限性の後で』での緻密な叙述を追いながら検討している。

第2章「カンタン・メイヤスーの偶然性の必然性について――因果的必然性をどう考えるか」では、偶然性の必然性のテーゼ、すなわち世界の全ての事物、法則、思惟の論理法則も理由なしに変化しうるというテーゼを保持しつつ、しかも世界の安定性がいかにありうるのかをメイヤスーがカントールの超限数の議論に依拠して正当化する論理を辿るとともに、「潜勢力（potentialité）」と「潜在性（virtualité）」の区別による創発の可能性、そしてデカルトの絶対的な神とメイヤスーのハイパーカオスとしての時間の類似と相違を見るとともに、メイヤスーの思弁的唯物論の唱える物質が相関の所与としての物質であり、その物質の深みを認めない点で、グレアム・ハーマンのオブジェクトとは異なることを確認している。

第3章「カンタン・メイヤスーにおける物自体の存在とその無矛盾性の証明」では、『有限性の後で』のメイヤスーの論理展開がデカルトの『省察』の叙述の仕方と似かよっており、絶対的な第一原理から演繹的に根拠づけをしながら緻密に展開していくのがメイヤスーのスタイルであるが、ここではハイパーカオスとしての無理由の原理＝事実論性の原理から「物自体が存在する」と「物自体が無矛盾である」とがいかに導出されていくのかを辿っている。この二つの想定は、カントにおいて想定されていたものであるが、メイヤスーはそれを厳密な哲学的な議論によって導出するという。またメイヤスーが学生の時に虜になっていたヘーゲルの矛盾の論理をなぜ見限ったかの理由に触れているインタビューも引いている。

第4章「因果的必然性をどう考えるか――カンタン・メイヤスーの思弁的唯物論批判」は、前三章を通してもっとも問題になったメイヤスーの偶然性の必然性の主張、客観的な因果的必然性をメイヤスーがヒュームと同様に認めない点を正面から全面的に批判することを目的としている。そこでまずヒュームの因果性批判を押さえたうえで、その問題点を提示する。ヒュームは因果的必然性を類似した原因と結果の対象の恒常的な随伴が心的な規定性を生み出す点に見るが、問題はそもそもなぜ類似した対象の反復随伴が生じるのかであり、この点はメイヤスーにおける理由なしにすべてが変化しうるのになぜ安定しているのかの問題と同じであり、この点を問わないところに両者の問題があると見て、因果的必然性について、マリオ・ブンゲ、ハレ、ミショット、ピアジェ、メーヌ・ド・ビラン、木曽好能の所論を参照しながら、その根拠を諸事物相互の因果的な作用自体に求めている。

第5章「ロイ・バスカーの超越論的実在論」では、前章で扱ったヒュームの因果性批判に対して実在論的な立場から批判したハレによってその博士論文『科学と実在論——超越論的実在論と経験主義批判』を指導されたロイ・バスカーの超越論的実在論を取り上げている。この本の原題は *A Realist Theory of Science* であり、二〇世紀後半において特異な位置をもち、現代の実在論の新展開においても参照されている書である。バスカーの独特の分析スキームは、実在論の展開を加速する役割を果たすと思われる。

第6章「マウリツィオ・フェラーリスの新実在論」は、グレアム・ハーマンなどの思弁的実在論のグループとは独自に、前世紀九〇年代から実在論を展開していたイタリアの哲学者マウリツィオ・フェラーリスの言う新実在論を扱っている。フェラーリスは、実在論的転回を行う前はイタリアのポストモダンの思想家ジャンニ・ヴァッティモやデリダの共著者でもあったが、ポストモダニズム批判を展開している。その批判の論点は納得のいくものであり、ポストモダニズムが単なる思想の領域を超えて、メディア・ポピュリズムとして政治的影響を与えている現状の指摘についても正鵠を射ていると思われる。また、新実在論の内容についても、認識と経験との違い、経験の修正不可能性、ドキュメンタリティの理論としての社会的存在の位置づけなど、極めて興味深い内容となっている。

第7章「マルクス・ガブリエルの「新しい実在論」での「新しい実在論」は、マウリツィオ・フェラーリスと同じ新実在論（new realism）であるが、『なぜ世界は存在しないのか』の訳者の清水一浩氏が「新しい実在論」と訳されているので、この語を使用している。ガブリエルの新しい実在論は、「世界は存在しない」という無世界論と、「意味の場の存在論」からなっている。ある物が存在するためにはその背景としての場が必要であるが、世界が存在するための背景は存在しないので世界も存在しないのである。そして世界以外のいかなるものもその背景としての場があるので、いかなるものも平等に存在しているのである。ここから実在と現象の区別はなくなり、形而上学の不可能性がでてくる。本章末尾では、この意味の場の存在論を批判的に評価している。

第8章「グレアム・ハーマンの対象指向存在論」では、二一世紀になって始まった実在論的転回の中心的な位置にいるグレアム・ハーマンの対象指向存在論を解説している。ハーマンは、メイヤスーの言う相関主義批判と同じ立場から近現代哲学を「人間的アクセスの哲学」と呼んでこれを批判する。ハーマンの言う「対象」は、ハイデガーの道具分析における道具のように退隠しており、それを構成要素に解体したり、性質や関係に埋却したりすることを許さない。その対象には自然物、人工物、社会的存在、空想や虚構の存在、四角い円のような存在しない対象も含まれている。そしてこの対象は、実在的対象、感覚的対象、実在的性質、感覚的性質の四極からなる四方構造をしており、それらの極同士が関係している。そして対象同士は互いに退隠し合っているので、直接関係しあうことはできず代替的な仕方でしか因果的な関係を持ちえないという「代替因果」について解明を試みている。

第9章「実在論をどう考えるか」では、本書の締めくくりとして、前章までの実在論、唯物論の議論を総括する仕方で、改めて私自身の考える実在論を探っている。その場合に、まずハーマンの感覚的対象・性質と実在的対象・性質の対比を、知覚的世界と物理的世界の対比として言いかえたうえでその関係を考えた。そして、最近になって発表されたヒューバート・ドレイファス／チャールズ・テイラー『実在論を立て直す』が知覚的世界の成立について、ロックやデカルトによる媒介説を退け直接的な接触説を展開しつつ、他方で、知覚的世界とは別の科学の対象である実在的世界を認めようとする「頑固な実在論」を唱えるのに対し、その方向を評価するとともに、知覚的世界と物理的世界の関係が切れている点を問題とし、かつて私がデカルト研究において到達した両世界が私の身体において重なっているという見方を提示した。

以上、極めてかいつまんだかたちではあるが、本書の内容を各章に沿って提示したが、最初の四つの章は、カンタン・メイヤスーの思弁的唯物論の内容と彼の「偶然性の必然性」の理論とその批判になっている。メイヤスーの論理展開は、本書で取り上げた論者のなかでもっとも理論的思弁的であり、私自身の理解の行き届かない点もあり読みにくいかもしれない。そこで、メイヤスーの議論を追い切れない場合は、第6章のマウリツィオ・フェラーリスの新実在論から最後まで読み、その後に第1章に戻って読み進めてくだされればとも思われる。

実在論の新展開　ポストモダニズムの終焉　目次

第1章　カンタン・メイヤスーの思弁的唯物論

1　新しい実在論の動き

二一世紀に入ってから、ヨーロッパで新しい実在論の動きが起きている。それは、「思弁的実在論(speculative realism)」と言われたり、「新実在論(new realism)」と称されたりするが、そのなかでも、フランスのカンタン・メイヤスーの唱える「思弁的唯物論(matérialisme spéculatif)」が注目を浴びている。

唯物論とは、エンゲルスが『フォイエルバッハ論』の中で定式化しているように、思考と存在、精神と自然との関係において、後者を根源的なものと見なし、しかも思考が現実の世界を認識できると主張する立場であるが、(1)メイヤスーもまた、この唯物論の立場を継承する。メイヤスーはその『有限性の後で』で次のように、彼が言う「思弁的唯物論」を説明している。

「思弁的たらんとする――すなわち思惟のない存在を絶対的な実在とする――全唯物論は、実際に、思惟が必然的ではない（何かは思惟なしに存在可能である）ことと、思惟は思惟が存在しないときに存在するはずのものを思惟することができることとを肯定することにあるのでなければならない。唯物論は、もしそれが思弁的な道を採用するならば、我々がそれを考えるという事実を捨象しつつ、所与の実在性を考えることが可能であると信じるように強制される。すべての唯物論のパラダイムであるエピクロス主義については、このようであって、思惟は、空虚やアトムの概念を介して、あらゆる事物の絶対的な本性に接近することができると主張し、この本性が思惟の働きに必ずしも相関的ではないと主張する。というのも思惟はその本性に関して、偶然的な仕方でしか実在しないからである」[2]。

メイヤスーは、インタビュー「思弁的唯物論のラフスケッチ」においても、唯物論のカギとなる二点として、「1.〈存在〉は、（主観性の広い意味で理解される）思考とは分離され、また思考から独立している。2.思考は〈存在〉を思考することができる」[3]をあげて、唯物論が、アニミズム、スピリチュアリズム、生気論等々ではなく、また宗教的アピールや神秘的主張を批判する合理主義であると語っている。

以上により、メイヤスーは、エンゲルスの言う近代の唯物論の立場に属していると言えるであろう。ただ、唯物論は、フォイエルバッハやエンゲルス、レーニンを除けば、カント以来、正面切って論じられることは少なく、大陸哲学においては皆無と言ってよい状態であった。それがここに来て、唯物論あるいは実在論を主張する論者が輩出するようになっている。

新しい実在論の動きは、二〇〇七年四月二七日にロンドン大学ゴールドスミス校で持たれた「思弁的実在論」についての画期的なコロキウムに発している。このコロキウムには、グレアム・ハーマン、イアン・ハミルトン・グラント、レイ・ブラシエ、そしてカンタン・メイヤスーの四人が参加している。そして、この四人の他にも、マウリツィオ・フェラーリスなど実在論の新しい展開を表明する論者もいるが、「実在論」ではなく「唯物論」でなければならないというのがメイヤスーの特徴である。

まず実在論という場合、それはカントが言った経験的実在論ではなく、あくまで意識から独立の実在を認める実在論でなければならない。これが思弁的実在論の言う実在論の意味である。その意味でヒラリー・パトナムが一時期採っていた内的実在論（internal realism）は、本来の実在論ではないし、「心は常にすでにそれ自身の外にある対象を志向し、現存在は常にすでに世界に投げ出されている」と言って世界や対象の実在性を認める現象学やハイデガーもまた、意識から独立の実在を認めるものではないので、本来の意味で「実在論」ではない。

しかしメイヤスーは、同じ意識から独立の実在を認める立場であっても、「思弁的実在論」ではなく「思弁的唯物論」でなければならないと言う。それは何故であるか。メイヤスーに言わせると、バークリは、「唯物論の敵」であるが、「実在論の友」である。というのも、「バークリは、精神の実在論者であり、観念の実在論者であるからである」[4]。そしてメイヤスーは、ゴールドスミスの四人の実在論者も二つに割れていると次のように言う。

「「思弁的実在論」という呼び名は、私が共に加わってきた運動（それ自身重要な）を指すが、私の企てにすべて一致するわけではない。というのも、それはまた主観主義（subjectalism）という私が反対しようとする選択肢を含んでいるからである。……四人の哲学者の内、イアン・ハミルトン・グラントは、（ドゥルーズ-）シェリング主義者であり、グレアム・ハーマンは、我々の事物に対する主観的な関係を事物それ自身のなかに投影することによって、それを実体化しているからである」[5]。

メイヤスーの言う主観主義とは、生命主義や汎心論、ヘーゲルのロゴスや精神、ニーチェの力への意志、ベルクソンの持続など、主観の特性を実体化しその絶対的存在を唱える主観主義的形而上学的論者のことである[6]。ゴールドスミスの思弁的実在論者の中にも、唯物論とは異なる主観主義者がいるというのである。

それでは、カンタン・メイヤスーの思弁的唯物論とはいかなるものであるのか、以下に見ていくことにする。

2　カンタン・メイヤスーの相関主義批判

メイヤスーが脚光を浴びたのは、彼の相関主義批判にある。メイヤスーが相関主義を批判するのは、これまで唯物論がその敵を観念論としてきたことに対し、上に見た唯物論の二つの規定を展開するためには、観念論ではなく相関主義を批判することが重要であると気づいたからである。相関主義は、西洋の近現代哲学を総括する哲学的立場であり、それ故にまた、唯物論と対照をなす立場であって、相関主義者の中には観念論者であることを否定する論者もあり、観念論よりもより包括的な立場である。西洋の近現代哲学をこの相関主義という視点で括る見方は、ある意味で目から鱗の効果を持っていると言えるであろう。

（1）相関主義とは

それでは、相関主義（corrélationisme）とはどのような立場であるのか。メイヤスーは、『有限性の後で』において、相関主義を次のように規定している。

「我々は思惟と存在の相関関係にしか接近できず、切り離して捉えられたこれらの項の一つに決して接近することはできない。今後、我々は、そのように理解された相関関係の越えられない性格を主張する思想の流れ全体を相関主義（corrélationisme）と呼ぶことにする」(18, 一六)。

相関主義は、主観と客観のそれぞれを、両者の関係から切り離して考察することができないという立場である。主観との関係から切り離された客観それ自体を決して把握することはできないし、逆に客観から切り離された主観も決して把握することはできないという立場である。つまり我々は、物自体、即自存在を決して認識することはできないということである。

これは、カントの立場である。メイヤスーは、「カントまでは、哲学の主要な問題の一つは、実体を考えることにあったが、カント以後、相関を考えることがむしろ重要になった。超越論哲学以前では、敵対する哲学者を決定的に分割することのできる諸問題の一つは、真の実体を考える者はどのような哲学者であるかということであり、それはイデア、個体、アトム、神――どのような神か――を考える哲学者であるのかが問われた。カント以来、もはや真の実体ではなく、どの哲学者がもっとも根源的な相関を考えるかが問われた。主観‐客観の相関か、ノエシス‐ノエマの相関か、言語‐指示の相関か」(19-20, 一七)と言う。カントの経験の可能性の条件を問う超越論的観念論、意識の直接的な経験の学としてのフッサール現象学、ウィトゲンシュタインの言語論的転回など、すべて相関主義と言える。

メイヤスーは、「二〇世紀の相関の主要な二つの境界（milieux）は、意識と言語であり、それぞれ現象学と分析哲学を支えた」（20, 一七）と言って、すべては意識されたもの、語られるものであって、すべての存在は意識と言語という透明なケージの中に閉じ込められていると告発する。「近代人は、批判以前の思想家の大いなる外（le Grand Dehors）、絶対的な外（le Dehors Absolu）を失ってしまった」（22, 一九）のである。

（2）二種類の相関主義：宗教性の回帰

メイヤスーは、この相関主義を「弱い相関主義」と「強い相関主義」の二つに分類する。

（a）弱い相関主義とは、カントの相関主義であって、「物自体」の存在を認め、物自体は知られない（inconnaissable）が、思考可能（pensable）であるとし、また、理由律（principe de raison）は否定するが、無矛盾律（principe de non-contradiction）は認める立場である。カントは、『純粋理性批判』において、「およそ理性の可能的な思弁的認識は、すべて経験の対象のみに限られるという結論が当然生じてくる。ところで——これは十分注意されねばならぬことであるが、——我々はこの同じ対象を、たとえ物自体として認識する（erkennen）ことはできないにせよ、しかし少なくともこれを物自体として考える（denken）ことができねばならないという考えは、依然として留保されている。さもないと現象として現れる当のもの〔物自体〕が存在しないのに、現象が存在するという不合理な命題が生じてくるからである」[7]と述べているように、無矛盾律に基づいて物自体の存在を認めているからである。しかし神の存在証明の不可能性の論証に見られるように、物自体について理由律を認めていない。カントは、デカルトによる神の存在論的証明に対する批判において、理論理性によって神の必然的な存在を論証することの不可能を指摘し、矛盾律以外の必然的な原理としての理由律はあくまで経験的な現象界の因果律にとどまるとしたのである。

（b）強い相関主義とは、フッサールの現象学、ハイデガー、ウィトゲンシュタインなどの現代哲学の立場であって、物自体の存在を認めず、それは認識されないだけではなく、思考不可能（impensable）であるとし、理由律も無矛盾律も認めない。強い相関主義は、カントの弱い相関主義が相関関係の外に物自体の存在を認めることの不徹底を批判し、物自体を考えることを不可能とする。また、矛盾は我々にとって思考不可能であるということを認めても、それを物自体にも適用して物自体が無矛盾であるとすることは相関関係の外に出ることであって、それは不可能なのである。

しかしメイヤスーは、強い相関主義が、主観との相関関係の外の絶対的なものの思考不可能性を主張するが、だからといって絶対的なものそのものを消去するものではないと言う。強い相関主義の立場は、「絶対的なものを考えることに対する自負の消失であって、絶対的なものの消失ではない。……絶対的なものの妥当性を消去するどころか、今日、「絶対的なものの終焉」と進んで呼ばれることとは、反対に、絶対的なものに認められる驚くべき認可にある。哲学者たちは、ただ一つのことしか要求していないように見える。それは、合理性を要求されるいかなるものもそれらの中にはないということである。「思惟の脱絶対化」として考えられた形而上学の終焉は、したがって、絶対的なもののどのような宗教的（あるいは詩的 - 宗教的）な信仰であれそれの理性による正当化にある。宗教的信仰は、それ自らにしか基づかないからである。言い換えれば、形而上学の終焉は、理性を絶対的なものへのあらゆる主張から追い出すことによって、宗教的なものの激化された回帰の形をとった。あるいはまた、イデオロギーの終焉は、宗教性の独占的な勝利の形をとった。宗教性の今日における蘇生は、確かに歴史的な諸原因を持っていて、それを哲学の成り行きだけに帰すことは素朴すぎるが、相関主義の圧力のもとで、思惟が、絶対的なものに関わるときに、非合理的なものの批判への権利を取り除かれているという事実は、この現象の範囲において、過小に評価されることはできない」（73-74, 八〇～八一）。

今日、ミシェル・アンリやエマニュエル・レヴィナスなど「現象学の神学的展開」と称される動きが起こっているが、「まったき他者」、無限者としての神を思考の対象としてではなく、信仰の対象として想定するのである。メイヤスーによると、「信仰主義は、強い相関主義の別の名前」（79, 八六）なのである。

（3）相関主義の批判――祖先以前的言明の解釈をめぐって

相関主義は、「主観性と客観性の領域を、相互に独立して考察しようとするすべての主張を失当とする。我々は、主観との関係から切り離されて、客観「それ自体」を決して把握しない」（19, 一六）と主張し、我々が思惟や言語から独立の物自体、即自存在を考えることはできず、相関の外に出ることはできないと言う。それらが語られたり、考えられたりするのは、あくまで語られ思惟されたかぎりにおいてであって、決して「相関の循環（cercle corrélationnel）」を破ることはできないと言う。確かに、思惟や言語から独立の対象と言っても、それもまた思惟され、語られたものでしかないからである。

しかしメイヤスーは、この相関の循環を破ることができる事実があると指摘する。それが、人類の出現以前の、また地球上の生命以前の出来事であり、メイヤスーは、これを「祖先以前的（ancestral）」な出来事と呼ぶ。

それは、どんな通俗的な科学書にも書かれている出来事であり、宇宙の始まり（一三（ママ）五億年前）、地球の形成（四四億五千万年前）、地球上の生命の始まり（三五億年前）、人間の起源（ホモハビリス、二〇〇万年前）などである。これらの年代は、放射性崩壊の速度が知られている同位元素や熱ルミネセンスの法則などによって測定することが可能となっている。これらの年代測定技術により、明確に人間の誕生以前、生命誕生以前の世界が、人間の思惟から独立に存在していたことが知られることになったとメイヤスーは言う。つまり、これらの出来事を表す言明は、相関主義の言う循環を破っており、相関主義が成り立たないことを示していると言うのである。

この相関主義批判は、『唯物論と経験批判論』のなかでレーニンがマッハやアヴェナリウスに対して行った批判と同じものである。レーニンはその第一章第四節「自然は人間以前に存在したか？」において、「自然科学は、人間も、また一般にどんな生物もその上に存在しなかったし、また存在できなかったような状態のもとで、地球が存在していた、ということを肯定的に主張している」[8]と言って、自然科学の成果をメイヤスーと同様に評価するとともに、フォイエルバッハの次の言葉を引いて自らの立場を補強している。

人間または意識の対象でない自然は、なるほどたしかに、思弁哲学、またはすくなくとも観念論の意味ではカント的な物自体であり……実在性のない抽象物であるが、しかしまさにこの自然のために観念論は破産する。自然科学は、すくなくともその現在の立場では、人間の生存の諸条件がまだ存在せず、自然すなわち地球がまだ人間の目や意識の対象でなく、したがって自然が絶対的に非人間的な存在物であった点にまで、必然的にわれわれをみちびいてゆく。観念論はこれに対してこう言いかえすことができる、この自然もまたお前によって考えられたものだ、と。たしかにそうだ、だがしかし、このことから自然はかつて現実的に存在しなかった、という結論が出ないのは、私がソクラテスやプラトンのことを考えないならば彼らは私にとって存在しない、ということから、彼らはかつて私なしに存在しなかった、という結論が出ないのと同様である。(9)

このフォイエルバッハによる観念論批判はメイヤスーの相関主義批判と完全に重なっている。メイヤスーは、今日、科学の常識になっている人間存在以前の自然の存在、アンセストラルな事象について、相関主義者は次のように言い繕うであろうと言う。「出来事xが人間の出現の何年も前に生じた」(30, 二九)というアンセストラルな言明について、相関主義者は、その言明内容である「出来事xが人間の出現の何年も前に生じた」ことについては、何も異議を唱えず、ただ、「人間にとって(科学者にとって)」(31, 二九〜三〇)という補足を付け加えるだけであろうと言う。カント以来、相関主義者は、言明の真理、言明の客観性について、言明の対象それ自体への指示、言明とそれが記述するものとの一致（真理対応説）ではなく、「言明の相互主観性であって、何人の科学的共同体によってであれ、それは、権利上、検証可能である」（33, 三二）という立場（真理合意説）をとり、したがって、アンセストラルな事象の意味は、「アンセストラルな過去からではなく、相関的な現在から出発しなければならない。すなわち、我々は現在から出発して過去への投影を実現しなければならない」（34, 三三）ということになる。しかし、アンセストラルな言明は相関主義と両立しないというのが、メイヤスーの主張であり、これは、マッハやアヴェナリウスを批判したレーニンの立場でもあった。

（4）メイヤスーの思弁的唯物論

メイヤスーは、デカルト、ロックなどの物質の第一性質の議論を復活させることによって、意識から独立の物質的な存在を認める。これはアナクロニックな試みではなく、今日でも十分に維持しうる正当な立場であると主張する。

> 第一性質、第二性質の理論は、取り返しもつかない有効性の切れた哲学的な過去に属するように見えるが、今やそれを回復させるときである。……そこで問題にされているのは、思考の絶対的なものへの関係そのものである。（13, 九）

デカルトは、幾何学的な延長に属するすべての特性である長さ、幅、深さ、運動、形、大きさを物質自身の特性として自然認識を推し進めた。メイヤスーはこれを次のように修正するが、デカルトの立場を基本的に継承する。

> 延長の概念を介在させることを避ける。なぜなら、延長の概念は、感覚的な表象から切り離すことができないからである。色の付いていない延長を想像できない。第二性質をともなわない延長を想像できない。今日の言葉でデカルトのテーゼを再活性化するためには、それを擁護することを理解する言葉で言うためには、次のように主張するであろう。対象について数学的な語によって定式され得るすべてのものは、それを対象そのものの特性として考えることに理がある。（16, 一二）

デカルトやロックが第一性質と第二性質を区別したように、メイヤスーも、①主体の世界との関係としてしか存在しない色や匂いなどの感覚的なものと、②私がその対象と関係を持とうと持つまいと、現実に私がそれらを考察するように対象の中に存在している対象の数学的な諸特性とを区別する。

このような区別については、バークリ以来、そしてカント以来、前批判的なもの、ドグマティックな形而上学のナイーブな立場として支持できないものとされてきた。

> 思惟は、世界への我々の関係から生じる世界の特性と、我々が世界と保持する関係から無関係にそれ自身において存在する世界「それ自体」の特性とを区別することができないと実際に想定されてきた。……思惟は、世界「それ自体」を「我々にとって」の世界と比較し、世界への我々の

関係に基づくものと世界にのみ属するものを区別するために、それ自身の外に出ることができないからである。そのような企ては、実際、自己矛盾的である。なぜなら、そのような特性が世界そのものに属すると考えるときには、我々はまさしくそれを考えているからであり、そのような特性は我々がそれについて持つことのできる思惟にそれ自身本質的に結びつけられているということが明らかだからである。（16-17, 一四）

メイヤスーは、相関主義が唱えるこの相関の循環を否定するのではなく、それを認める。それを認めた上で、なお、その相関の循環を突破し、相関の外へ、大いなる外（le Grand Dehors）、絶対的な外（le Dehors Absolu）へ出ようとする。それを、デカルトのコギトによる形而上学的省察の論証過程に倣って行おうとする。

デカルトは、『省察』において、コギトの確実性に行き着いた後、意識から独立の絶対者である神と物体の存在証明を行った。メイヤスーは、このデカルトの論証過程を次のように簡略にまとめている。

１　絶対的なもの、完全な神（「第一の絶対者」と呼ぼう）の存在を確立する。２　完全な神は欺くことができないと主張することによって、数学的なものの絶対的な効力（「派生した絶対者」と呼ぼう）をそこから引き出す。絶対的な効力は次のことを意味する：物体の中において数学的（算術あるいは幾何学によって）に考えられるものは、私の外に絶対的に実在することができる。（53, 五六）

デカルトは、このようにして観念論ではなく実在論の立場に、メイヤスーの言う相関の循環の外に出ることができた。しかし、このデカルトの辿った方向をカントは全面的に批判した。それが『純粋理性批判』弁証論におけるデカルトによる神の存在論的証明批判である。メイヤスーは、この「カントの存在論的証明の論駁は、デカルトの議論だけではなく、ある規定された存在者の絶対的な必然性を論証すると称するあらゆる証明を論駁する」(57, 六〇) ことになり、これによりドグマティックなすべての形而上学(イデア、純粋な現実態、アトム、不可分な魂、調和のとれた世界、完全な神、無限の実体、世界精神、世界史など)の終焉をもたらすことになったと見る。存在論的証明の棄却とともに、理由律の棄却――世界の絶対的必然性の説明原理の棄却――を招くことになったのである。

こうしてメイヤスーは、世界の絶対的必然性を導く道が閉ざされていることをカントとともに認める。理由律の完全な放棄である。しかしメイヤスーは、それにもかかわらず、相関の循環の外の絶対的なものへの接近が可能であると考える。なぜなら、祖先以前的な言明は、まさに相関の外にあるし、科学的真理はまさに絶対的なものに関する言明だからである。

したがってメイヤスーの課題は、「アンセストラルな言明に、それだからと言ってドグマティズムに戻ることなしに、意味を保存することを望むなら、我々は絶対的に必然的ないかなる存在者にも導かない絶対的な必然性を見出さねばならない。言い換えれば我々は、絶対的な必然性であるようないかなるものも考えることなしに、絶対的な必然性を考えなければならない」(59, 六三) ということになる。絶対的な存在者ではなく、絶対的必然性を考えることが課題となる。

この課題は、形而上学的（métaphysique）な課題ではなく、思弁的（spéculative）な課題である。メイヤスーは、「絶対的な存在者へ接近することを主張する、あるいは理由律を介して絶対的なものに接近することを主張する思惟全体」（同前）を形而上学的と呼び、「絶対的なものの一般に接近すると主張する思惟全体」を思弁的と呼ぶ。「すべての思弁が形而上学的というわけではない。すべての絶対的なものがドグマティックであるわけではなく、絶対主義的（absolutiste）ではない絶対的（absolutoire）な思惟を思い描くことは可能」（同前）であり、メイヤスーはこの絶対的なものに、その最も強力な障壁である強い相関主義との対決を通して到達しようとする。

相関主義をメイヤスーは批判するのであるが、だからと言ってメイヤスーは、相関以前に戻ることはしない。むしろ相関主義の形而上学批判を支持し、それを認めたうえで、絶対的な必然性にいたる絶対的な思弁的思惟を展開するのである。その点で、メイヤスーの相関主義に対する態度は、他の思弁的実在論者とは異なっている。「ゴールドスミスの他の三人の思弁的実在論者は、相関主義を全否定するが、メイヤスーは、そうではない。相関主義は、「大いなる外（le Grand Dehors）」と呼ぶものへと思考を開く」[10]と考えるのである。メイヤスーの「思弁的唯物論」は、エピクロス唯物論のような形而上学的独断的な唯物論ではなく、最も強力な相関主義と対決し、その対決を通して展開される唯物論である。

（５）メイヤスーの思弁的唯物論――強い相関主義との対決を介して

メイヤスーの「思弁的唯物論」展開の歩みは、「その原理において非デカルト的であるが、デカルトが第二省察において一度コギトの真理を確立したあと、『省察』で辿る歩みと相同」であり、「科学の（祖先以前的な）言説を根拠づけることが可能な絶対的なものに近づくことによって、「コギト」から抜け出そうとする」（81, 八九）。しかしこのコギトは、デカルト的なコギトではなく、「相関主義的コギト」であり、この相関主義的コギトは、「思惟で覆われた思惟自身との向かい合いでしかない存在との差し向かいのなかに思惟を閉じ込めるものである」（同前）が、このコギトは、少なくとも二つの点で、デカルトのコギトと異なっていると言う。

第一に、相関主義的なコギトは、デカルトやロック、カントなど近世哲学者たちが共有していた「表象の形而上学」と同一ではなく、「主体－客体の相関概念とは別の、存在－思惟の相関概念（例えば存在と人間のハイデガー的な相互帰属のような）」にも関わるコギトである。これは、ハイデガーの「表象」批判を念頭に置いてのことであり、またメイヤスーが、物自体としての実在を、観念などの表象とは独立のものとは考えずに、基本的に思惟に与えられることが可能なものと考えているからである。(11)

第二に、「それは、厳密な意味で独我論的なコギトではなく、むしろ「我々は考える（cogitamus）」である。なぜなら、それは、科学の客観的な真理を意識の相互主観的な一致に基づけているからである」。しかしながら相関主義的なコギトは、それもまた、「独我論的なタイプ、「種の」あるいは「共同体の」と言いうるタイプを設定している。なぜなら、それは、思惟する存在の共同体に先行、あるいは後続さえする実在性を思惟することの不可能性を認めているからである。この共同体は、もはやそれ自体にしか、そしてそれと同時代的である世界にしか関わらないからである」（81, 九〇）。

この「共同体的な独我論」「相互主観性の独我論」から抜け出すことは、「大いなる外」へ接近することにほかならない。この大いなる外の「第一の絶対者」が、デカルトにおける延長実体についての誠実な神の役割を果たし、祖先以前的な言明の中に含まれている数学的言明の真理（第二の派生的な絶対者）を保証すると見るのである。

こうしてメイヤスーは、強い相関主義の独我論を打ち破ることを目指そうとする。そのために、次の三点を確認する。

1. 祖先以前的なものは、それが思惟可能であるためには、絶対的なものが思惟可能であるということを要求する。
2. 存在者の絶対的な必然性を確立することを狙うあらゆる論証の非正当性を確実なものと見なす。探求される絶対的なものは、独断的であってはならない。
3. 我々は、相関の循環の障害を乗り越えなければならない。相関の循環は、それにその全権限を与える強いモデルにおいては、ドグマティックな絶対的なもの（存在論的証明の論駁がそうするように）だけではなく、絶対的なもの一般のあらゆる形態を失効させるからである。（82, 九〇）

メイヤスーは、強いモデルの網の目を通過することのできる非‐形而上学的な絶対的なものを探究するために、相関の外への道を開こうとする。あくまで、強い相関主義の唱える相関の循環を認めた上で、それを突破する絶対的なものを探求するのである。

メイヤスーによる相関主義の唱える相関の循環を破る道は、二段階になっている。それは、強い相関主義の二つの原則をそのまま認めたうえで展開される。強い相関主義の第一の原則は、弱い相関主義も含めて相関主義全体に共通のもので、我々は相関関係にしか関われず、「それ自体」には関われないということであり、第二の原則は、相関の事実性（facticité）、すなわち相関の偶然性、相関の無理由性である。第一の原則によって、独断的な実在論、エピクロス的な唯物論は、失効させられる。メイヤスーは、カント以後のフィヒテ、シェリング、ヘーゲルなどドイツ観念論者たちが、「絶対的な思惟を失効させることを相関主義者に可能にする原理そのものを絶対化する」（83, 九一）ことによって、物自体の認識不可能性を導く代わりに、「相関が唯一真のそれ自体である」として、主観主義的な形而上学を打ち立て、相関を絶対的と見る絶対的観念論の方向に進んだことに範をとると言う。そして次に、この主観主義的形而上学、絶対的観念論を失効させることになる相関主義の第二の原則である相関の事実性を絶対化することによって、主観主義的形而上学を論駁するとともに相関の循環の輪から脱出することができると次のように言う。

もし相関の循環の猛威を免れるであろう絶対的なものがなお考えられるのであれば、それは、強いモデルの第二の決定の絶対化――すなわち事実性――から出てくるものでしかあり得ないであろう。言い換えれば、もし我々が事実性のもとに存在論的な真理を発見するならば――もし我々が事実によって脱絶対化へとその力を与える源泉そのものがまったく反対に絶対的な存在への接近であるならば――、そのときには我々はいかなる相関的な懐疑論ももはや到達できない真理へと近づくことになるであろう。なぜなら今回は、そのような絶対化に反対することのできる第三の原理は存在しないからである。したがって、我々は、いかなる点において絶対的なものが、相関的なものではなく相関の事実性であるかを理解しなければならないのである。我々は、いかなる点において事実性が、思惟がその本質的な限界から行う経験であるのではなく、反対に、思惟が絶対的なものについてのその知について行う経験であるかを示さなければならない。我々は、事実性において絶対的なものの非接近可能性ではなく、即自的なものの顕れを捉えなければならない。存在するものの思惟の永続的な欠陥の徴ではなく、存在するものの永遠の特性を。（83-84、九二〜九三）

メイヤスーは、彼の思弁的唯物論を展開するために、相関主義の中でも最強のそれを認めたうえで、その二つの原則を絶対化することによって、相関主義のバリアーを通過していくのである。相関によって得られる所与をそれ自身、絶対的なものと認めて、しかもその相関の事実性を絶対的なものとして、すなわち相関の偶然性を必然的なもの、絶対的なものと見なすことによって、絶対的なものに到達することができたと言うのである。

（6）無理由の原理（le principe d'irraison）＝事実論性の原理（le principe de factualité）

事実性とは、事物の存在の特性、絶対的な特性である。我々が考えようと考えまいとそうであり続ける特性である。世界の諸事物は、それが従う法則とともに、そのすべてが、理由なしに存在しているということ、これをメイヤスーは、「無理由の原理（le principe d'irraison）」と言う。

> 事実性を、理由なしに存在しそれゆえ理由なしに実際に他になり得るという、世界全体と同様に事物全体の実在的な特性とする必要がある。我々は、理由の究極的な不在——我々が無理由(irraison)と呼ぶもの——が、絶対的な存在論的な特性であり、我々の知の有限性の徴ではないということを捉える必要がある。この見方における理由の原理の挫折は、極めて単純にそのような原理の虚偽性から——そして絶対的な虚偽性から——生じる。なぜなら、いかなるものも、実際には、異なった仕方でよりはそのように存在しそのようである理由を持たず、世界の諸事物と同様世界の諸法則もまたそうであるからである。すべては、星々と同様木々も、諸法則と同様星々も、物理的な法則と同様論理諸法則も、崩壊する。これは、すべての事物をその破滅へと向けるより上位の法則の力によってではなく、それが何ものであってもその破滅から保護することのできるより上位の法則の不在によってである。(85、九四)

メイヤスーは、すべての事物は、自然法則や論理法則も含めて、なぜそれであって他でないのかの理由はなく、それは事実、単なる事実性でしかないと言い、したがって他になり得る、崩壊しうると言う。もちろん、この世界には自然法則があり、また論理法則にも支配されているが、そうであってもその法則自体も偶然的であって、必然的な理由はないと言う。

我々は、ある規定された存在者が実在するということが必然的であると主張するのではなく、すべての存在者は実在しないことができるということが絶対的に必然的であると主張するのである。そのテーゼは、まさに思弁的である――絶対的なものを考えることができる――しかも形而上学的ではない――絶対的であるような何（いかなる存在者）も考えない。絶対的なものは、必然的な存在者の絶対的な不可能性である。我々はもはや理由の原理――すべての事物は他の仕方でよりもそのように存在する必然的な理由を持つ――の変異形を主張せず、むしろ無理由の原理（*principe d'irraison*）の絶対的な真理を主張する。いかなるものも存在しそのように存在し続ける理由を持たない。すべては理由なしに存在しないことができなければならないし、かつそしてあるいは、それがそうであるものとは別のものであることができるのでなければならない。（94, 一〇五）

メイヤスーの課題は、絶対的に必然的な存在者を見出す「形而上学的な課題」ではなく、絶対的な必然性を見出す「思弁的課題」であった。この絶対的必然性とは、無理由の原理、事実性の必然性、偶然性の必然性である。メイヤスーは、この原理を「事実論性の原理（le principe de factualité）」とも言い、この絶対的必然性は、相関の循環の外にあって、それ自体、我々が考えようと考えまいと、そうであり続けるそれ自体であると言う。こうしてメイヤスーは、相関主義の唱える相関の循環の外に出ることによって、科学的言明の真理を導こうとする。

今や我々は、相関の循環を通り抜けたと見なすことが出来る。少なくとも我々が思惟を大いなる外——思惟されようとされまいと存在にとって無関心である永遠のそれ自体——から切り離す相関の循環によって建てられた壁のなかに一つの出口を穿ったと見なすことが出来る。我々は、今後、思惟がそこを通ってそれ自身から外へ出るにいたる狭い通路が何処にあるのかを知っている。我々が絶対的なものの方へ道を切り開くことが出来るのは、事実性によって、事実性を介してのみである。(98-99, 一一〇)

メイヤスーによると、相関主義の唱える相関の循環の外に出る通路は、極めて細い通路、相関主義者が前提する相関の事実性という通路、相関の偶然性という通路である。これこそ相関の循環を破る唯一絶対的なものである。これこそ、デカルトの第一の絶対者である神に相当するものであり、デカルトがこれによって彼の数学的な自然認識を根拠づけたように、メイヤスーはアンセストラルな言明を含む科学の真理を基礎づけなければならないことになる。しかしメイヤスーの「この絶対的なものは、実際には、それにとっていかなるものも不可能ではなく、思惟不可能なものですら不可能でなく、そのように思えるカオスの極端な形態、ハイパーカオス以外の何ものでもない」(99, 一一〇) ゆえに、ここから科学の言説の絶対性を保証することを導出することは困難に見える。このカオスとしての絶対的なものは、「誠実な神とは反対に、科学の言説の絶対性を保証することができないように見える」(99, 一一一)。「一つの秩序を保証するどころか、すべての秩序の可能的な破壊しか保証しないからである」(99, 一一一)。どのようにするのであろうか。

（7）メイヤスーと近代科学

メイヤスーは、科学的な諸法則は、無条件的な必然性を持たないと言う。すべての事物は、自然法則や論理法則も含めて、なぜそれであって他でないのかの理由はなく、それは事実、単なる事実性でしかなく、偶然的なものに過ぎないと言う。自然法則は、たまたまその法則が安定的なしかたで維持されているに過ぎないのである。その安定性に理由はない。絶対的なハイパーカオスによって、どのようにも変化可能なのである。その点で、メイヤスーは、ヒュームの因果法則に対する批判をそのまま認める。

しかしそれにもかかわらずメイヤスーは、自然法則の安定的なあり方を事実性として認めるのである。世界は、与えられたそのままのあり方で存在している。「所与（donné）の明らかな無根拠性の手前あるいは彼方には何もない。その破壊、その出現、その保存の、限界なしの法則なしの力以外の何ものもない」（98、一一〇）。相関の所与としての世界以外に、いかなる世界もない。

そしてこの所与としての世界のうちで、第一性質としての世界は、私たちの存在とは無関係にそれ自体、存在し続けるのである。「所与（*donné*）において数学的に記述可能であるすべてのものは、我々がまさしくそれを所与や現れとするために存在しようが存在しまいが、存続することができると考える（たとえそれが仮説的なしかたにおいてであれ）ことに理がある」（174、一九四）と見るのである。数学的に記述可能なものは、我々の思惟とは無関係に、絶対的なものとして、存在しているのである。ただし、その存在理由、その必然性はなく、単に偶然的なものと見なされなければならないし、その数学的に記述された科学法則は、仮説的なものと見なされなければならないのではある。数学的に記述可能なものの絶対性は、「思惟の外の事実的な可能的存在であって、思惟の外の必然的な存在ではない」（同前）のであり、「仮説の資格で、我々とは無関係に存在する存在論的に破壊可能な事実として措定されることができる。言い換えれば、近代科学は、我々に、我々の世界のすべての数学的な再定式化の仮説的ではあるが思弁的な領野を明らかにしている。科学のガリレイ－コペルニクス的脱中心化は、したがって、次のように言われる。数学化可能なものは、数学化可能であるものは、思惟の相関に還元可能ではない」（174, 一九四～一九五）。数学化可能なものは、思惟の相関には還元できず、我々がそれを思惟しようとしなかろうと、思惟とは無関係に存在可能であり、我々はそれを仮説的な資格で理論的に記述することができるのである。近代科学はこのように相関主義とは異なる地平を開いたのである。

3　メイヤスーの思弁的唯物論（小結）

カント以来、あるいはバークリ以来の近現代哲学の相関主義は、ガリレイ－コペルニクス革命による近代科学の脱人間中心主義とは逆の、人間中心主義に立っている。メイヤスーは、近現代哲学の相関主義批判によって、科学が開いた唯物論の地平を回復しようとするのである。その論証過程は、『有限性の後で』を通してみてきたように、これまでの哲学者たちの議論を踏まえたうえで、厳密に展開されている。批判対象である相関主義のそのなかでも最強の相関主義の立場を前提にしながら、その相関主義を破るという手法に則って論証を推し進めるものである。ただ、数学的な自然学の基礎付けを試みたデカルトの『省察』の論証過程と比べて、デカルトが第一の絶対者である神の存在証明から、その神の誠実性を介して第二の絶対的な真理である数学的認識の確実性を論証したのに対して、メイヤスーは、「偶然性の必然性」というハイパーカオスとしての第一の絶対者の存在は論証したが、第二の絶対者である数学化可能なものの絶対性は論証できていない。これは、ガリレイ以来の近代科学の真理に依拠して提示されているにとどまっている。事実、メイヤスーは、二〇〇八年五月八日にミドルセックス大学で行われた講演において、『有限性の後で』で解かなかった問題として次のようにこれを認めている。「事実論性の原理から、私が我々の世界、ハイパーカオスによって現実に生みだされている事実論的な世界をそれによって意味している実在性そのもの、我々の主観性から独立に実在している実在性そのものを数学的な言説によって知る自然科学の能力を導き出すことは、可能であるのか。この難問に答えることは、アンセストラリティの問題の現実の回答のための条件である。そしてこれは私の現在の仕事の理論的終局をなしている」(12)。

メイヤスーには、『有限性の後で』とは別に、まだ正式に出版されていないが主著と言ってよい博士論文『神の不在（*L'inexsistance divine*）』があり、そこではハイパーカオスに基づいて、非有機的な物質から生命が、非思惟的な生命から理性的な思惟が新規に創発してきたとの考えが展開されている。そしてこの創発の線の先には、生きているものと死んでいるものに対する平等主義的な正義を出現させるメシアの到来があるということである。

注

(1)『ルードウィッヒ・フォイエルバッハとドイツ古典哲学の終結』マルクス・エンゲルス全集二一巻、大月書店、一九九一年、二七九～二八〇頁。

（2）Quentin Meillassoux, *Après la Finitude: Essai sur la nécessité de la contingence*, Seuil, 2006, p.62、カンタン・メイヤスー『有限性の後で――偶然性の必然性についての試論』千葉雅也・大橋完太郎・星野太訳、人文書院、二〇一六年、六七頁。ただし本稿での本書の訳文は筆者のものであるが、ancestral と factualité の訳語「祖先以前的」「事実論性」は、翻訳本に負っている。なお、本書からの引用文は、本文中に原著はアラビア数字で、翻訳は漢数字で記す。

（3）「思弁的唯物論のラフスケッチ」黒木萬代訳、『現代思想』2015-6、Vol.43-10、p.140

（4）Graham Harman,*Quentin Meillassoux: Philosophy in the Making*, 2nd Edition, Edinburgh University Press, 2015, p.99)

（5）Graham Harman, *op.cit.*, p.103

（6）Quentin Meillassoux, *Time Without Becoming*, Edited by Anna Longo, Mimesis International, 2014, pp.20-21

（7）カント『純粋理性批判』篠田秀雄訳、岩波文庫、四〇～四一頁。

（8）レーニン『唯物論と経験批判論 (1)』寺沢恒信訳、大月書店、一九六六年、八四～八五頁。

（9）レーニン、同前、九七～九八頁、L・フォイエルバッハ『全集』、ボーリンおよびヨードル編、第七巻、シュトゥットガルト、一九〇三年、五一〇頁。またはカール・グリューン『その文通、遺稿ならびにその哲学的性格発展におけるL・フォイエルバッハ』、第一巻、ライプツッヒ、一八七四年、四二三～四二五頁。

（10）Tom Sparrow, *The End of Phenomenology: Metaphysics and the New Realism*, Edinburgh University Press, 2014, p. 88

（11）Graham Harman, *op.cit.*, p.33　グレアム・ハーマンは、メイヤスーの物自体を、カント的な人間認識に接近不可能な叡智界や感覚的な所与の背後にある物自体ではなく、人間の生存中だけでなくそれ以前も以後も存在し続けているものであり、それは、数学的に記述可能なものとしての所与であると見ている。同書 p.108 も参照。

(12) Quentin Meillassoux, *Time Without Becoming*, Edited by Anna Longo, Mimesis International, 2014, p.29

第2章 カンタン・メイヤスーの偶然性の必然性について
――因果的必然性をどう考えるか

1 偶然性の必然性

カンタン・メイヤスーの思弁的唯物論におけるその中心的なテーゼは、「事実性の必然性」・「偶然性の必然性」のテーゼ、すなわち、世界の諸事物と諸法則、思惟の論理諸法則は、事実として理由なしに存在し、それゆえ理由なしに変化しうるというテーゼであり、メイヤスーは、これを「無理由の原理（principe d'irraison）」あるいは「事実論性の原理（principe de factualité）」と呼び、思惟に相関的ではなく、思惟から独立に存在する絶対的な思弁的真理であると言う。

我々は、これまでなぜ世界はこのように存在しているのか、なぜ私は今ここに存在しているのか、なぜ太陽は、地球は、月は、この島は、あの雲は存在しているのか、なぜ東日本大震災は起きたのか、などすべての事象について、その存在理由、原因を問うてきた。そしてそれらの原因や理由説明に、神による世界創造などの神話的な説明、また自然の諸原因、諸法則による説明を試みてきた。しかしメイヤスーは、これらすべての理由説明、原因探求に対して、その究極的な根拠の不在を主張し、ただ単にそれらの事実性、それらの存在の事実性のみを主張する。この世界やその中の諸事物、太陽や月や地球、ニュートン力学などの自然の諸法則、無矛盾律や推移律などの論理的諸法則の存在を否定せず、それらの事実性は認めるが、それらの無根拠性、偶然性、可変性を主張する。

　メイヤスーは、事実性を次のように説明する。

> 私は、何らかの実在性のための理由の不在、言い換えれば、何らかの存在者の実在のための究極の根拠を与えることの不可能性を「事実性」と呼ぶ[1]。
>
> あらゆるものに内在する理由の不在を、究極的な理由の探究において思惟によって出会われる限界とする代わりに、我々はそのような理由の不在が存在者の究極的な特性であり、そうでしかあり得ないと理解する必要がある。事実性を、理由なしに存在しそれゆえ理由なしに実際に他になり得るという、世界全体と同様事物全体の実在的な特性とする必要がある。我々は、理由の究極的な不在――我々が無理由（irraison）と呼ぶもの――が、絶対的な存在論的な特性であり、我々の知の有限性の徴ではないということを捉える必要がある。この見方における理由の原理の挫折は、極めて単純にそのような原理の虚偽性から――そして絶対的な虚偽性から――生じる。なぜなら、いかなるものも、実際には、異なった仕方でよりはそのように存在しそのようである理由

を持たず、世界の諸事物と同様世界の諸法則もまたそうであるからである。すべては、星々と同様木々も、諸法則と同様星々も、物理的な法則と同様論理諸法則も、崩壊する。これは、すべての事物をその破滅へと向けるより上位の法則の力によってではなく、それが何ものであってもその破滅から保護することのできるより上位の法則の不在によってである。[2]

メイヤスーは、我々が理性によって事物や法則の究極的な存在理由を探求することに失敗するのは、理性の有限性に基づくのではなく、もともとそのような究極的な理由の不在のためであるという。したがって、メイヤスーは、この世界とその諸事物、物理的な諸法則や思惟の論理諸法則の存在は認めるとしても、それらの存在の必然性を認めず、その偶然性を主張するのである。もし必然性があるとすれば、それは偶然性のみでしかない。偶然性のみが必然的なのである。

2　ヒュームの因果性批判

メイヤスーは、ヒュームの因果性批判を認め、因果法則の必然性を否定する。

物理的法則の必然性を論証することのこの不可能性は、私によれば、ヒュームが信じていたように、理性の限界によるのではなく、むしろそれがまさしく偽であるという事実によるのである。私は、合理主義者であり、理性は明確に、あなたが法則の必然性を論証することができないと論証する。かくして、我々はまさしく理性を信じるべきであり、次の点を受け容れるべきである：すなわち、法則は、必然的ではなく、それらは事実であり、事実は偶然的であり、法則は理由なしに変化しうる[3]。

ここで誤解を生じることのないように、次の点を押さえておく必要がある。それは、メイヤスーは、論理学や数学、自然科学の諸法則に基づく学的真理を否定しているのではないということである。それらの真理を否定するのではなく、認めるのである。しかしそれは、それらの究極的な理由に基づく絶対的な必然性を否定するのである。したがって、何かを前提し、それに基づく条件的な必然性を得ることは可能であるが、究極的な必然性、絶対的な必然性は得られないと言うのである。

我々は、ただ条件的な必然性をのみ手に入れることができ、決して絶対的な必然性を獲得することはできない。もし一定の原因と物理的法則が措定されれば、そのときには我々は一定の結果が帰結しなければならないと主張することはできる。しかし我々は時として他の根拠づけられない原因や法則を除いて、決してこれらの法則と原因に対する根拠を見出すことはできないであろう。究極的（ultimate）な原因や究極的な法則、すなわちそれ自身の実在の根拠を含む原因や法則は存在しない[4]。

以上の点を明らかにするために、メイヤスーによるヒュームの因果性批判についての分析を詳しく見ておきたい。

よく知られているようにヒュームは、原因と結果のあいだの結合関係は、理性によっては見いだされず、経験に頼らねばならないが、それだけではなく、経験がその結合関係を知らせたあとでも、われわれは、観察された事例を越えてその経験を拡張する根拠を理性から得ることはできないということ、例えば我々は炎があれば必ず熱があると確信するが、その必然性は、その関係の否定が両者の観念と矛盾するような必然性ではないゆえに、この因果関係の推論は、理性に基づく必然的な推論ではなく、過去に炎に熱が常に伴って知覚されてきたという経験をわれわれが持っているということから、すなわち、過去における両者の恒常的随伴の経験から生じる、われわれの想像力による主観的な心の習慣的な規定性でしかないと言って、因果関係そのものの客観的な必然性を否定した。

メイヤスーは、ヒュームが『人間知性研究』において、一つの玉突きの玉が別の玉に衝突するときの玉の運動の認識について次のように述べた箇所を引用する。

> 例えば、私が一つのビリヤードの玉がもう一つの玉の方に直線上を動くのを見て、さらに後者の玉の運動がそれら二つの玉の接触あるいは衝撃の結果として私に示唆されると想定した場合、私は百の異なった出来事がその原因から同じように生じることができると思えないであろうか？　両方の玉がじっと静止したまま止まることができないであろうか？　最初の玉がまっすぐにもと来た道を帰ったり、あるいは二つ目の玉から何らかの線や方向へと飛び去ったりすることができないであろうか？　これらすべての想定は、整合的であり、理解可能である。それでは何故我々

は、他と同様に整合的で理解可能な一つに優先性を与えるべきであるのか？　我々のすべてのアプリオリな推論は、決してこの優先性のためのいかなる基礎も我々に示すことはできないであろう。[5]（131-132, 一四七）

高等学校程度の物理学では、運動量保存則とニュートン力学の作用反作用の法則により、互いに速度を交換して最初の玉が静止し別の玉が同じ速度で動くというのが正答であるが、メイヤスーは、ヒュームの問題提起が、この物理学の学としての基礎付けを理性が与えることができないということにあったと言う。衝突後の両方の玉の動きは、理性の推論によれば百の異なった様式が想定可能であり、想定されるそのすべての様式にはいかなる矛盾もないゆえに、物理法則の必然性は理性に基づいては保証されないというのがヒュームの問題提起であり、これがカントが問題にしたことでもあると言う。なぜなら物理法則そのものが今後変化する可能性があるからである。

したがってメイヤスーは、ヒュームの問題は、帰納の問題、有限な経験的な事実の検証から普遍命題を導くことが可能かどうかの問題ではなく、自然の斉一性（uniformité de la nature）の問題が問われていると言って、ヒュームの問題を次にように捉える。

この問題とは何であるのか。古典的には、次のように定式化されている。同一の原因から未来において、他の条件が同じであれば、同じ結果が起こることを証明することが可能であるか？　言い換えれば、同一の状況において、未来の現象的な継起は現在の継起と同一であることを確立することができるか？　ヒュームが提起した問題は、したがって、物理的な諸法則が将来においてそれが今日においてそうであるものであり続けるであろうことを論証する我々の能力、あるいは因果的な結合の必然性を論証する我々の能力に関わっている。（127, 一四二）

ヒュームの問題とは、ポパーが捉えたように、理論の確実性、将来の新しい実験によって反証される可能性を問題にする帰納の問題、認識論的な問題ではなく、物理的世界の安定性の問題を問う存在論的問題であったのである。もし世界の事象のあり方が変化し、物理的な諸法則が将来において変化することが可能であるなら、その特定の法則だけでなく、物理学そのもの、実験科学そのものが成立しなくなるという問題であり、それゆえに自然認識の成立可能性の危機を危惧したカントが取り組んだ課題であったと言うのである。

3　カントの超越論的観念論による解決とその問題点
――偶然性・必然性・安定性（stabilité）をめぐって――

先に引用した「すべては、星々と同様木々も、諸法則と同様星々も、物理的な法則と同様論理諸法則も、崩壊する」にあるように、メイヤスーは、世界の諸法則や論理諸法則と同様、星や木々などの世界の諸事物の崩壊可能性、それゆえその偶然性を主張するが、この偶然性の主張は、ヘラクレイトスの「万物は流転する」や仏教の「諸行無常」の主張とは異なっている。メイヤスーの言う偶然性は、経験的な偶然性、すなわち事物の「儚さ（précarité）」、「一般的に遅かれ早かれ生じるように定められている破壊可能性」（97. 一〇八）とは異なっている。後者は、「この本、この果物、この人間、あの星は、もし物理的生物的諸法則が現在までそうであったものであり続けるならば、遅かれ早かれ消滅するように定められている」（同前）というように、物理的生物的諸法則の偶然性には関わらず、その必然性を前提にしてその諸法則に支配される諸事物の偶然性を主張するのであるが、メイヤスーの言う偶然性は、絶対的な偶然性であって、諸事物だけではなく諸法則そのものも含めた無理由性、偶然性である。しかも、万物の儚さの主張は、「存続」よりも「崩壊」「破壊」を主張する点で、なお「形而上学的」な主張であるのに対して、無理由の原理は、「規定された存在者の破壊と存続の永続が、理由なしに両者とも産みだされなければならないと主張することを要求する。偶然性は、すべてが産みだされることが可能であるということであり、しかも何も産みだされないこともあり、存在するものはそれが存在するままであり続けることもある」（98. 一〇九）ということである。偶然性とは、無理由の原理のことであって、すべてが可能であるということ、すなわち変化することも変化しないことも同様にありうるということである。

ここで少し先走ることになるが、次のことを押さえておきたい。メイヤスーは、物理的な事物だけではなく物理法則の無理由性、偶然性、その可変性を主張するが、そのことによって世界の安定性がすぐさま損なわれるとは考えないのである。次の文章がメイヤスーのこの問題についての見通しである。

ところで物理的な諸法則の実在的な偶然性というこの言明を、我々はきわめて真面目に主張する。しかし我々は安定した世界において生きることで、各瞬間、天に感謝することはしない。なぜなら、我々は自然の諸法則が実際に理由なしに変容することができると主張するが、しかしながら我々は絶え間なくそれらが変容するということを何人とも同様に期待することはないからである。言い換えれば、我々は諸対象が実際に、いかなる理由もなしに、最も気まぐれな振る舞いをすることができるが、それだからといって我々が諸事物とともに持ちうる通常の日常的な関係を変えることはないということを真摯に認めることができると断言する。これが、我々がこれから正当化しなければならないことである。（126-127, 一四一）

いかなる必然性も存在せず、偶然性のみしか存在しないが、だからといって常に変化するということも帰結せず、まったく偶然的であるが安定的であることもありうるのである。

これに対し、カントは、ヒュームの問題を正面から受け止めて、物理学の成立可能性に対する危機を回避するために、物理学の学としての成立可能性の超越論的な条件を構想した。カントは、因果的必然性の根拠を、悟性のアプリオリなカテゴリーに求め、これによって表象の超越論的な構造化を可能としたのである。

もし因果性が（悟性の他のカテゴリーと同様に）表象を構造化することを止めたなら、それは、現象のいかなるものであれ構造化することを止めて、客観であれ主観であれ、我々に単純な観察者としてそれを考察する暇を与えてくれるいかなるものもなくなってしまうであろう。したがって、因果的な必然性は意識と意識が経験する世界との存在の必然的な条件である。言い換えれば、因果性はあらゆるものを支配することは絶対的には必然的ではないが、もし意識が存在するならば、それは因果性が必然的に現象を支配するからでしかありえないのである。（134, 一四九～一五〇）

カントは、『純粋理性批判』第一版「純粋悟性概念の演繹」において、「アプリオリな規則をもち、また現象を自分に従属させるところの統一がないと、知覚を含む多様なものにおける意識の完全でかつ全般的な、従ってまた必然的な統一は成立し得ないであろう。そうなると知覚は経験に属しないことになり、従って対象を有せず、ただ表象のいたずらな戯れにすぎないものとして、夢にさえ及ばないであろう」（カント『純粋理性批判』篠田英雄訳、岩波文庫、A112）と言う。もし因果的必然性がなければ、意識は、ある程度まだ一貫性がある夢にも及ばないカオス的な多様でしかなくなり、対象はいかなる安定性も持たず、また意識も持続せずに常に乱雑な表象でしかないであろうが、しかし実際には、我々は対象の安定性と意識の持続的な存在を有しているのであるから、これが因果的な必然性の存在の証拠であるというのがカントの「純粋悟性概念の演繹」における論証の要点である。

しかしこれに対して、メイヤスーは、経験的世界の安定性、意識の持続的な安定性があるからと言って、それが必然性の存在の根拠にはならず、むしろ因果的必然性を想定しなくても、現象の安定性の説明は可能であると言う。どのようにしてそれが可能であるのであろうか。

4　安定的な非因果的宇宙の可能性

メイヤスーは、ヒュームの問題は、物理的な諸法則が持つと想定されている必然性をどのように論証するのかという問題ではなく、「我々は、物理的な諸法則の明白な安定性を、もしそれらが偶然的であると想定されたならどのように説明するか」（137, 一五三）を問う問題であると言う。自然法則が必然性を持たないにもかかわらず、なぜ自然法則が安定的であり続けるのかをどのように説明するのか、偶然的で変化可能である法則に支配されている世界がなぜ安定的であるのかをどのように説明するのかという問題であると言うのである。

メイヤスーはここで、ロバチェフスキーが平行線の公準に関してユークリッド幾何学とは別の公準を立てることによって、非ユークリッド幾何学を打ち立てたように、「非因果的な宇宙は因果的な宇宙と同様に整合性が可能であり、我々の現在の経験を説明することがそれと同様に可能である宇宙である」（138, 一五四）ということ、非因果的な宇宙に移ったからといって謎以外は失うものは何もないと言い、この点の論証を行っていく。

先にも見たように、「カントにとって、もし我々が世界についてもつ表象が必然的な結合――彼がカテゴリーと呼び、因果性の原理がその部分をなすもの――によって支配されないのであれば、世界は、いかなる場合にも統一された意識の経験を構成することのできない、混乱した知覚の秩序なしの塊でしかない」（139, 一五五）ということであった。これに対してメイヤスーは、「自然の科学と同様、意識の条件は諸現象の安定性である」(140, 一五六)ことを認めるが、この安定性の事実がその必然性を前提していることは認めない。自然法則の必然性を認めず、その偶然性を唱えるとしても、その安定性の危機を直ちに導くことにはならないと言うのである。

カントにとっては、法則の偶然性とその安定性との両立など思いもつかないことであり、法則が必然的でなく偶然的であるなら、それは理由なく頻繁に変化するはずであるが、実際には法則は安定していて理由なく頻繁に変化しないのであるから、法則は必然的でしかないということであり、カントはこの必然性を、カテゴリーの超越論的な演繹によって解決したのである。しかし、法則が頻繁に変化しない、安定しているということから、直ちにその必然性は帰結しないというのが、メイヤスーの立場である。偶然的であっても、その安定性を説明する道があるというのである。それを見ていこう。

確かに我々は、サイコロゲームにおいて、常に安定して同じ目しか出ないなら、そのサイコロには同じ目を必然的に出すいかさま細工が施してあると考える。それと同じように、自然の諸法則が安定していて、同じ原因から常に同じ結果が生起するのを目にするとき、必然主義者は、その安定性を説明することのできる必然性を想定する。必然主義者は、いわば宇宙サイコロ(その各面が異なった諸法則によって支配された宇宙となっているサイコロ)が同じ目を常に出すのを見て、物理的な諸法則の必然性を想定するのである。メイヤスーは、この必然主義者の想定が過ちを犯していると指摘する。自然の諸法則の偶然性(contingence)は、サイコロゲームのような確率論的な偶然(hasard)とは次元が異なっているのである。サイコロゲームの確率論的な偶然は、全体の目の数が決まっており、それぞれの目の出る確率は計算可能であるが、自然法則の偶然性は、いわば宇宙サイコロの目の数が無限であることから確率計算不可能な偶然性であるからである。確率計算には、可能性の選択肢が数的な全体を構成していることが前提になっているが、自然法則の場合は、この可能性の選択肢が閉じられておらず、無限に開かれているので、確率計算することはできないのである。サイコロゲームの場合にはどの目が出るかは偶然が支配し、もし同じ目ばかりが出るなら、それは偶然ではなく何か必然性（いかさま細工）が支配していると想定することが可能であるが、宇宙サイコロの場合は、自然法則の安定性からその必然性を導き出すことは、確率的な偶然を、不当に宇宙全体に拡大適用する過ちを犯しているのである。自然法則の安定性は、なんらかの必然性によってではなく、また運の良さ（chance）によるのでもなく、無限に開かれた可能性――メイヤスーはこの可能性を潜在性（virtualité）という――から偶然性によって生起するのである。

自然法則の偶然性は偶然（hasard）や運の良さ（chance）とは本質的に異なった概念であって、偶然や運の良さにおいては、生起しうる事象の可能的な全体化が思考可能であるのに対して、偶然性の場合は、諸々の可能的宇宙の集合の全体を思考することはできないのである。メイヤスーは、この可能的宇宙の全体化が不可能であることを、彼の師アラン・バディウの『存在と出来事』で展開されているカントール集合論の超限数（transfini）の議論に依拠して主張する。可能的宇宙の集合を「全体」として考えることはできないというのである。

よく知られているように「カントールの定理」は、「集合aの再グループ化（あるいは諸部分）の集合bは、常にaより――たとえaが無限であっても――より大きい」（154-155, 一七三）というものであり、したがって、アレフの系列と呼ばれる継起、超限数の濃度の系列を構成することになり、この系列は決して全体化されることはできないということになる。「すべての量の量」は、あまりにも大きいものとして思惟不可能であるというよりも、それは、まったく単純に実在しないもの、論理的に理解不可能なものなのである。「思惟可能なものの「全体」（量化可能な）は、思惟不可能である」（156、一七三～一七四）ということになる。そして、このように可能的なもののアプリオリな全体化が不可能であるから、カントのように自然の諸法則の偶然性から頻繁な変化を結論づけたり、その安定性から必然性を結論づけたりすることはできないというのがメイヤスーの主張である。偶然的であっても、安定的でありうるのである。

5　超限数の存在論的な絶対化について

必然性についてメイヤスーは、ただ論理的数学的な必然性、無矛盾律のみを認め、それ以外の必然性を認めない。自然の事象は、数学的・論理的必然性のみが支配し、物理的必然性に支配されることはない。ニュートン力学の法則は、確かに安定的に成立しているとしても、その必然性を意味するものではなく、常に変わる可能性があり、偶然的に成立しているに過ぎないのである。しかしそれは、たまたま偶然によって、あるいは運良く安定的に成立しているということではなく、偶然性によって安定的に成立しているのである。この宇宙は、非因果的な宇宙であり、因果的な宇宙がそうであったように、安定性、斉一性が保持された宇宙であるが、それだからと言ってその安定性の必然性、斉一性の必然性は帰結しないのである。メイヤスーによると、その必然性はなくとも安定性があれば、それで自然科学の成立や意識の持続性が保証されるので、謎のような必然性をオッカムの剃刀によって削除して、かえってすっきりすると言うのである。その理由は次のとおりである。

ハイパーカオスとしての絶対者は、いかなる必然性にも従属しない絶対的な時間の歩みであるゆえに、「あらゆることが可能な世界は、それが可能であるところのすべてを引き起こさないようにすることも同様にできなければならないから、完全なカオス的世界——つまりあらゆる法則を時間の力に従属させる世界——は、原理的にはこのように、現実に必然的法則に従属している世界と現象的には見分けがつかないことになる。かくして、自然の斉一性の原理の実効的な不在を認め、またそのことによって法則の必然性の仮説に関連した標準的な謎（énigmes canoniques）を放棄しながら、すべての自然科学の要請——すなわち、現象の普遍的な安定性を前提する実験手続きの再生可能性——を正当化することが可能になる[6]」のである。

メイヤスーは、「カオス——唯一の即自的なもの——が現実に可能である可能的なものは、有限であれ無限であれ、いかなる数によっても計られないということ、そしてカオス的な潜在的なもののこの超‐膨大性が目に見える世界の完璧な安定性を可能にする」（165, 一八五）と言う。ハイパーカオスとしての絶対者のその超‐膨大性から世界と自然の諸法則の完璧な安定性が導出されると言うのである。

ただメイヤスーは、これまで述べてきた偶然性による自然法則の安定性の説明は、宇宙の可能的なものの非全体化をカントールの集合論の定理に根拠づけていて、メイヤスー自身の言う思弁的唯物論の立場から立証しているものではないゆえに、未だ仮説的な解決でしかないと言う。メイヤスーの思弁的唯物論は、バークリ以来、カント以来の近現代哲学が前提してきた相関主義を批判し、我々が考えようと考えまいとそうであり続けるそれ自体として偶然性の必然性というハイパーカオスとしての絶対者の存在を論証するが、この思弁的唯物論の立場からは、カントールの超限数の理論から可能的なものの非全体化をそのまま仮説的に導入するのではなく、ハイパーカオスとしての絶対者の存在から超限数を絶対化する必要があるのである。

メイヤスーにとって、相関主義を論駁する祖先以前的な真理、宇宙の始まりや地球の形成、地上の生命の誕生や人間の起源などの、思惟する人間存在以前の出来事に関する科学的な真理を構成している数学的な言説の絶対性を、ハイパーカオスとしての第一の絶対的真理から導出することが課題であったが、この祖先以前的な問題とヒュームの問題は、ともに数学に関わる問題であって、その絶対性をハイパーカオスとしての第一の絶対的真理からどのように導出するかが問題になるのである。『有限性の後で』においては、次章において見るように、メイヤスーは、ハイパーカオスの絶対性を主張する事実論性の原理からその形成素（Figures）として、物自体である実在世界の存在とその無矛盾性、整合性を導出しているのであるが、[7]数学に関わる真理の思弁的な導出に至ってはいないのである。

6　因果的必然性について

以上、我々は、メイヤスーの言う偶然性の必然性、すなわちこの世界とその諸事物、物理的な諸法則や思惟の論理諸法則の存在は事実として認めるとしても、それらの存在の必然性を認めず、その偶然性しか認めないという主張とその理由付けを見てきた。我々の経験的な世界は必然性を持たなくても、その完璧な安定性を持っており、それゆえ日常生活にいかなる支障もないのである。物理的諸法則、生物学的諸法則などの自然の諸法則は、安定的に成立しているのである。それらの安定性は、必然性に基づくのではなく、偶然性によるのである。それらの消滅、可変性は否定できないのである。しかし、祖先以前的な事象の真理や近代科学の真理を認めるように、この世界についての学的認識の成立を主張するのである。

しかしこのメイヤスーの議論は、妥当であろうか。世界の完璧な安定性を認め、自然科学の成立を認めるにもかかわらず、その安定性、成立の根拠を、必然性、何らかの理由の原理に拠らずにハイパーカオスとしての偶然性、非全体化された無限の超‐膨大な可能性によって説明するメイヤスーの議論は、妥当であろうか。サイコロの場合に特定の目が常に出るのは、何らかの必然的な原因に拠るが、宇宙サイコロの場合には、たとえ安定的な目を出し続けるとしても、必然的ではなくあくまで偶然性によると言えるのであろうか。その可能性の目の数が超‐膨大でその全体が閉じられていないとしても、常に特定の目を安定的に出し続けるのは、やはり何らかの必然性を想定する必要があるのではないか。あるいはむしろ、有限な目の数の中で特定の目しか出ないサイコロの場合よりも、超‐膨大な無限の可能性の中から安定的に特定の目しか出ないというのは、より一層その必然性、理由が求められるのではないであろうか。

この世界の安定性とは、この世界が理由なく変化をしたり、消滅したり、またこれまで存在していなかった新規なものが生じたりしないということである。目の前の机が突然消滅したり、新しい椅子がポコッと現れたりするのは、マジックでしかなく、それには種が仕掛けられている。ヒュームはこの世界の安定性を理性的な必然性によって根拠づけることができず、想像力の主観的な必然性に基づけ、カントはその必然性を純粋悟性概念のアプリオリな形式に求めたが、いずれも因果的な必然性の存在を認めた。それに対してメイヤスーは、因果性そのものの存在を認めない。あるものが存在し続けたり、変化したり、消滅したりするのは、何らかの原因に拠らず、偶然性に拠るのである。あるものがその存在の状態を維持したり、変えたりしても、それは何かの原因によるのではなく、文字通り「無からの創造」によるのである。この点をメイヤスーの論文「潜勢力と潜在性」を中心に少し詳しく見ておこう。

7　ハイパーカオスとしての時間と創発

メイヤスーは、「潜勢力（potentialité）」と「潜在性（virtualité）」とを区別する。潜勢力は、例えば、ニュートン力学のような決定論的な法則であれ、サイコロゲームに関わる確率的な法則であれ、ある与えられた法則を前提し、その条件の下で実現化されうる可能的な諸事象に関わるのに対し、潜在性は、「可能的なものどもによって予め構築されたいかなる全体によっても支配されない生成のなかで創発する、あらゆる事象集合の性質」（PV, 13, 八八）のことである。前者が、我々の日常的な世界で生じる事象に関わるのに対して、後者はこの世界を支配する諸法則や諸事物に縛られない新しい事象の創発（émergence）に関わる。そして、この両者と時間との関係では、前者の場合には、時間はすでに確定されている可能的なものを生み出すのみであるのに対し、後者では、時間は「先行する状態にはまったく含まれていなかった状態を生み出す能力」（同前）であり、「新しい事象を創造（créer）する」（同前）のである。この後者の時間が、ハイパーカオスとしての絶対的な時間であり、まさに「無からの不意の出現（surgissment ex nihilo）」（PV, 14, 八八）をもたらす時間である。何かを前提しその支配の下での生成ではなく、まさに無からの生成をもたらす時間である。

潜勢力の場合は、例えばサイコロの面の数と運動法則により予めその目の出る可能性は決定されており、時間は可能的なものを単に現実化する媒介でしかないのに対し、潜在性の場合には、「時間は、時間が可能的なものを到来させるまさにその瞬間に可能的なものを創造する」（PV, 15, 八九）のである。

潜勢力と潜在性の区別は、このように可能的な事象と時間との関係がまったく異なるのであるが、しかしメイヤスーは、この区別は存在論的（ontologique）な区別というよりも、「時間性に関する我々の認識的関係（rapport cognitif）における区別」（PV, 15, 九四）、グノセオロジック（gnoséologique）な区別でしかないと言う。この二つの時間のうちメイヤスーの言うハイパーカオスとしての時間とは、潜在性に関わる時間であるが、潜勢力に関わる時間であっても、それが時間であるかぎりハイパーカオスとしての時間と無関係ではなく、むしろそれを前提していると言える。なぜなら潜勢力そのものも、潜在性とつながりそれに基づいているからである。「宇宙の不変性は非 - 全体化の基盤に基づいて、同じ宇宙の事実上の再創発と同一化されうるため、その潜勢力はその法則の潜在的な反復と同一化される」（同前）のである。すなわち、通常の日常的な固定的で安定的な世界も、根源的な時間のなかでの再創発、再創造の繰り返しなのである。

こうして我々は、世界の諸事物の間での因果的必然性を否定し、偶然性によって世界の安定性が維持されるというメイヤスーの構想を見て取ることができるようになった。時間はその歩みの各瞬間においていかなる制約も課されることはなく、したがって、世界は瞬間毎に、再創造されるのである。その再創造において、世界の安定的な持続が維持される場合と、これまでの可能的なものにまったく含まれていなかった新しい事象が生成することもある。しかしいずれにせよ、無からの創造、無からの創発という点では、変わらないのである。ただ「無からの創発」が我々に目に見えるように顕わになるのは、日常の安定した世界においてではなく、我々にとってそれまでの世界の状態から説明できない新規な事象が創発したときであり、例えば、非有機的な物質から生命が、生命体から理性的な思惟が出現したときなのである。そして新規な事象の創発はこれからも起こり、生きている者と死んでいる者との平等主義的な正義を出現させるメシアとしての神の到来がそれであるとメイヤスーは予言する。

8　ハイパーカオスとしての絶対的な時間とデカルトの全能の神

以上見てきたメイヤスーの思弁的唯物論の中心的な原理である「偶然性の必然性」について、デカルトの全能の神と比較してその主張の特性を抑えておきたい。

デカルトの神は、いかなる必然性にも縛られず、この世界の「存在」と「本質」のすべての創造者である。デカルトは、神が、有限な実体的存在として物体と精神を創造するとともに、その物体的世界を論理的数学的な必然性と運動量保存則や慣性法則などの運動法則に従って運動するように、そして人間精神を生得的に論理的数学的な必然的真理に従って思考するように創造したと考えた。神のこの創造行為を縛るいかなる必然的な法則や拘束もなく、神は自由に論理的数学的真理である永遠真理を自由に創造し、その真理の永遠性、不変性は、神の意志の不変性によると考えた。神には論理法則や数学的な真理、そしてこの世界の運動法則が成り立たない世界の創造も可能なのである。また時間は、瞬間毎に相互に独立しており、したがって世界の保存は瞬間毎の神の連続創造によると考えた(8)。

このデカルトの神とメイヤスーのハイパーカオスとしての絶対的な時間は、重なる部分が多い。メイヤスーの絶対的な時間の歩みは、いかなる法則、理由律にも縛られない。この時間の全能性は、「デカルトの神のそれに等しく、あらゆることが可能であり、考えることのできない(inconcevable)ことも可能である」(100、一一一)。しかしメイヤスーは、デカルトとは違って、カオスとしての時間が生み出すことのできないものがあると言う。それは、「カオスは、カオスであり続けるためには実際に思惟不可能なものを産みだすことができない」(103、一一五)ということである。なぜなら「カオスが決して生み出すことのできないこの何ものか、それは、必然的な存在者である」(101、一一三)からである。メイヤスーは、もし「思惟不可能なもの」が生み出されるなら、すなわち矛盾したものが生み出されるなら、それは必然的なものとなると言う。「矛盾した存在者は、その生成においていかなる他性も持たないゆえに、それと異なるものになることはできない」(106、一一九)ので、存在することを止めることなく常に存在する必然的な存在となるからと言うのである。

このメイヤスーの議論は、少し思弁的であるが、矛盾が実在しないということ、無矛盾律の絶対性を主張する点で、次章で詳しく見るように、メイヤスー哲学の合理的な性格が示されていると思われる。

しかし前節で見たように、メイヤスーが因果的必然性を否定し、各瞬間毎の再創造をデカルトとともに唱えている点は、やはり問題であろう。

9　因果的必然性とカンタン・メイヤスーの思弁的唯物論

カンタン・メイヤスーは、思弁的実在論ではなく思弁的唯物論を唱える。この点は、我々は、前章で見た。そこでは、メイヤスーは、思弁的唯物論を「思惟が必然的ではない（何かは思惟なしに存在可能である）ことと、思惟は思惟が存在しないときに存在するはずのものを思惟することができることとを肯定することにある」（62, 六七）と捉えていること、したがって思惟と物質的世界との関係では、物質的世界は思惟が存在しているときだけではなくその存在の以前と同様にその存在以後にも、すなわち人間存在の存在以前と以後にも存在しているものと捉え、「物自体としての実在を、観念などの表象とは独立のものとは考えずに、基本的に思惟に与えられることが可能なものと考えている」（本書三〇頁）こと、「所与（donné）の明らかな無根拠性の手前あるいは彼方には何もない。その破壊、その出現、その保存の、限界なしの法則なしの力以外の何ものもない」（98, 一一〇）と、相関の所与としての物質的世界以外に、いかなる世界もないと捉えていることを確認した。すなわち、メイヤスーは、物質的世界を思惟から独立の存在と捉えていても、その独立性は、人間存在からの時間的な独立性であって、その存在はあくまで人間に与えられた所与としての存在でしかないのである。
これに対してグレアム・ハーマンは、我々に感覚的に知覚されるかぎりでのものに止まらず、隠れた次元における物質の活動を認める。

物自体は、すべての人間が死んでも実在する何かであるだけではなく、人間がすべて死んではいないときでさえそれについての我々の認識から独立の何かが存在しなければならないのである。すなわち、実在論の問題は、アンセストラルな年代や田舎の空き家から生じるのではなく、我々がそれらの事物を直接に凝視している時でさえ我々の注意を逃れる事物の中の実在から生じるのである。この点で、私は、相関主義の議論は、強力であるとはまったく思わない。そして私は、メイヤスーの物自体の実在の証明は物自体についての前相関主義者の十全な深みを回復することに失敗していると主張する。(9)

ハーマンは、物自体は単に我々の生命のスパンを超えて存在し続けるものだけではなく、「我々がなお生きており、直接事物をじっと見ている時にさえ、知られ尽くされえないもの(10)」であって、我々には知覚されない様々な作用が事物相互の間に展開されていると言ってメイヤスーを批判するのであるが、この批判は、当たっていると思われる。
メイヤスーの物質は、相関主義と同様に、相関の所与であって、物自体は、その所与の第一性質、数学化可能なものである。この第一性質、数学化可能なもののみが、思惟する我々の存在から独立に存在しているのである。そしてこの物質観と自然的世界における因果的必然性の不在、その偶然性の主張とはつながっている。

我々が見てきたように、メイヤスーは、ヒュームの因果性批判をそのまま肯定する。ヒュームの因果性批判は、原因とされる観念と結果とされる観念との間の関係が論理的数学的な必然性を持たないということであった。経験的な現象の間に論理的数学的関係がないのは当然であるが、メイヤスーもまたヒュームと同様に、この経験的な現象間での結合を問題にして、その必然性の否定、偶然性を主張する。しかしハーマンのように物自体に経験的な所与以外のその厚みを認め、その厚みのなかでの物質相互の作用関係を認めることによって、その必然性を想定することは可能ではないであろうか。ハーマンは、メイヤスーの自然法則の偶然性の主張について次のように批判する。

> メイヤスーによって擁護される偶然性は、ただ、法則が**瞬間毎**に気づかれることなく変化することができるということを意味しているように見える。彼は、ある所与の瞬間において諸事物の間に結合する**結びつき**があるという事実によって動揺していないように見える。彼はまた、時間の経過における因果的な結合の非必然性について焦点を合わせ、ある所与の瞬間における**構成的な**(compositional) 結合の必要性に関して何も語らない。メイヤスーがある瞬間において金の塊が金の原子からできており、次の瞬間にはネオン原子から、そのあと土から、そしてミニチュアの軍隊から、そして大規模な軍隊から、そして野生の犬の集団から、そして最後にパリのダントン通

りの奇数の建物から構成されていることができることを信じているのかどうか分からない。彼の立場によって意味されている完全な宇宙的なカオスのもとでは、彼がそれとは違った仕方で語ると考えるいかなる理由もない。しかし、彼が時間のある瞬間と別の瞬間の間の結合についてひたすら焦点を絞って、ある瞬間の中に存在している結合についてはまれにあるいは決して焦点を絞らないのは、際立っている。[11]

メイヤスーのように物自体を知覚的な所与に限定するのではなく、ハーマンのように物質的な厚みを認めることによって、我々は、時間のある瞬間における事物間の必然的な結合、作用だけではなく、時間のある瞬間と次の瞬間との間の結合についても因果的な関係を想定可能であると考える。第4章で、因果的な必然性についての全体的な考察を行いたい。

注

（1）Quentin Meillassoux, *Time Without Becoming*, Edited by Anna Longo, Mimesis International, 2014, p.21

（2）Quentin Meillassoux, *Après la Finitude: Essai sur la nécessité de la contingence*, Seuil, 2006, p.85　カンタン・メイヤスー『有限性の後で——偶然性の必然性についての試論』千葉雅也・大橋完太郎・星野太訳、人文書院、二〇一六年、九四頁。ただし本稿での本書の訳文は筆者のものである。なお、本書からの引用文は、本文中に原著はアラビア数字で、翻訳は漢数字で記す。

（3）Quentin Meillassoux, *Time Without Becoming*, p.26

（4）Quentin Meillassoux, *op.cit.*, p.21

（5）David Hume, *Enquiries Concerning the Human Understanding and Concerning the Principles of Morals*, eds. L. A. Selby-Bigge, M.A, 1962, Oxford at the Clarendon Press, Sect. IV, 25, pp.29-30

（6）Quentin Meillassoux, *Potentialité et Virtualité*, Edition Ionas, 2016, p.16　クァンタン・メイヤスー「潜勢力と潜在性」黒木萬代訳、『現代思想』二〇一四年一月号、九〇頁。訳は一部変えている。以下、本論文からの引用は、本文中にPVに添えて、原著はアラビア数字で、翻訳は漢数字で記す。

（7）メイヤスー『有限性の後で』第三章後半において。

（8）デカルトの数学的真理、論理的真理などの永遠真理と神との関係、また自然法則と神との関係については、河野勝彦「デカルト自然学の成立と形而上学的省察」（『デカルトと近代理性』文理閣、一九八六年、所収）参照。

（9）Graham Harman, *Quentin Meillassoux: Philosophy in the Making*, 2nd Edition, Edinburgh University Press, 2015, p.82

（10）Graham Harman, *op.cit.*, p.108

（11）Graham Harman, *op.cit.*, p.174

第3章　カンタン・メイヤスーにおける物自体の存在とその無矛盾性の証明

我々は先に、二一世紀に入って登場した新しい実在論の動きのなかで注目されているカンタン・メイヤスーが唱える「思弁的唯物論」について、主にその著『有限性の後で　偶然性の必然性についての試論』[(1)]を中心に、彼の言う「唯物論」の特徴、そしてその中心的なテーゼである「偶然性の必然性」の主張を検討してきた。

メイヤスーの所論の中心は、「偶然性の必然性（la nécessité de la contingence）」である。すなわちハイパーカオスとしての絶対的な時間、デカルトの絶対的な全能の神に匹敵する絶対者、何ものにも縛られない世界の創造者としての時間がこの世界を根源的に支配しており、したがってこの世界そのものとその世界に存在するいかなる事物、いかなる自然法則、いかなる思惟法則もその必然性はなく、可変的可滅的であって、偶然的な存在であるということである。世界と世界のなかの事物や諸法則の「存在理由」、「根拠」はなくてただ存在の事実、その事実性（facticité）しかないのであり、メイヤスーはこれを「無理由の原理（le principe d'irraison）」あるいは「事実論性の原理（le principe de factualité）」と呼ぶ。

デカルトが彼の哲学の展開において、方法的懐疑によって思惟する我の存在の証明から絶対的な神の存在、そして外的物体の存在ならびに数学と自然学の原理を導き出したように、メイヤスーは、この「無理由の原理」「事実論性の原理」から人間存在以前の世界についての祖先以前的な言明を含む科学的な真理を導出し基礎づけようとする。ただメイヤスーは、この作業に取りかかるのであるが、『有限性の後で』では、まだその作業内容を開示できず、その途上の作業にとどまっている。その途上の作業とは、カントが「正当化することなく単に認める」（103, 一一五）のみであった二つの言明、「物自体は存在する」と「物自体は無矛盾である」を事実論性の原理から導出することである。カントの超越論的観念論の立場では、物自体について思考することは禁じられているにもかかわらず、カントはそれに違反して「物自体は存在し、物自体は無矛盾であると想定」（115, 一二九）していたのである。[2] メイヤスーは、この二つの想定を、ハイパーカオスとしての絶対的原理から絶対的な真理として演繹するのである。我々は、この演繹の作業を見てみることにする。

1　「物自体は存在する」をどう導くか

この課題は、カントにおける経験的な現象界だけではなく、物自体の世界があることをいかに論証するかということであり、メイヤスーの捉える物自体理解においては、思惟する存在である人間やその他の生物が絶滅してもなお存在し続ける世界が存在するということを如何に証明するかという問題である。すなわちメイヤスーにとってこの問題は、「我々にとっての領域が、思惟したり生きたりする存在の実在に相関的であるゆえに、本質的に可滅的であるのに対して、即自的なものが無の中に沈むことができないということが絶対的に必然的であることを確立することに関わっている。我々は、すべてのものが生きているものの絶滅とともに無の淵に帰することがない——それ自体の世界は、世界とのすべての関係の消滅の後も存続する——と論証しなければならない」（109、一二二）ということである。

この問題は、デカルトであれば、『第六省察』において行われた外的世界の存在の証明ということになるが、メイヤスーにとっては、それが最終的に神の存在を根拠にしている点でその道を採れない。メイヤスーは、デカルトのような形而上学の道による解決とともに、宗教的な信仰主義の道も採らず、彼の言う思弁的な道によってこの問題に答えようとする。それは、偶然性の必然性、事実性の絶対性という事実論性の原理、無理由の原理から出発する道である。

まず事実論性の原理とは、諸事実が偶然的であるということ、すなわち諸事実の事実性は絶対的であるということであった。ただメイヤスーは、事実性は絶対的だとしても、その場合に二つの解釈があると言う。事実性の（a）弱い解釈と（b）強い解釈である。弱い解釈は、「偶然性は必然的であるということは、もし何かが存在するなら、そのときそれは偶然的でなければならないということ」（111、一二五）であり、それに対して、強い解釈は、「偶然性が必然的であるということは、事物が偶然的でなければならないことに加えて、偶然的な事物が存在しなければならないということ」（同前）

である。つまり弱い解釈では、事物の存在の必然性は出てこないが、強い解釈では、偶然的な事物が存在することが必然的になる。すなわち物自体の存在が証明されることになるのである。したがって、ものそれ自体の存在の証明をするためには、この強い解釈を正当化する必要がある。強い解釈によって初めて、「必然的に偶然的な何かが存在しなければならない」（112, 一二五）ということが証明されるからである。

そこでメイヤスーは、諸事実の事実性の絶対性の解釈において、弱い解釈が成り立たず、強い解釈しかありえないことを立証することによって、ものそれ自体の存在を証明しようとする。なぜなら弱い解釈は、諸事実の事実性の絶対性を前提にしながらも、諸事実の事実性の絶対性ではなく、その事実性、すなわちその偶然性を主張するからである。したがって弱い解釈では、諸事実の事実性がそれ自身事実であるということ、事実性の事実性を主張することになるが、事実性は事実すなわち偶然的ではなく、必然的であり絶対的であるので、弱い解釈は成り立たないと言うのである。こうしてメイヤスーは、次のように結論づける。

> 事実性は、いかなる仕方においても、世界の中の事実、付け加えられた事実の仕方で思惟可能でない。諸事物が事実的であるということは、ひとつの事実ではない。事実的な事物が存在するということは、ひとつの事実ではない。事実性の原理の整合的な唯一の解釈は、したがって、強い解釈でしかありえない。事実的な事物が存在するということは、ひとつの事実ではなく、絶対的な必然性である。（113, 一二七）

メイヤスーは、さらに、事実性の必然性、絶対性を認めても、この絶対性が否定的事実すなわち存在可能であるが非存在にとどまる事実に限定された場合、いかなる実在も存在し得ない可能性があるとの反論に対して、「私は事実性を、実在するものが実在しないことの、そして実在しないものが実在することの可能性としてしか考えることができない」（114, 一二八）と述べて、実在と非実在の二つの領域が「事実性の理解可能性（concevabilité）の条件そのもの」であるとして、事実性を否定的事実のみに限ることはできないと批判する。

この批判はかなり込み入っているが、こうしてメイヤスーは、「何かが存在し、何も存在しないのではないということは必然的である。なぜなら、何かが存在し他の何かが存在しないということは必然的に偶然的であるからである。存在者の偶然性の必然性は、偶然的な存在者の必然的な実在を課す」（115, 一二九）と結論づける。

こうしてメイヤスーは、事実的な事物が存在するということは、絶対的に必然的であり、思惟の相関を超えた必然性であると言うのである。物自体は思惟の相関を超えて存在するのである。以上のメイヤスーの物自体の存在の証明は、極めて思弁的であるが、我々は納得できるであろうか。無理由の原理、事実論性の原理から出発して、事物の存在、事実的な事物が存在しなければならないということ、物自体の存在が絶対的に必然的であるというのであるが、この証明は説得的であろうか。絶対的な原理である事実論性の原理とは、ハイパーカオスのことであった。偶然性の必然性のことであったが、絶対者としてのハイパーカオスが存在することから必然的に事物の存在の必然性が帰結するというのである。カオスが存在するためには、カオス、絶対的に偶然的な事物が存在することが必然的であるというのである。カオスは事物なしにはカオスになり得ないがゆえに、事物が存在するというのである。これは、思弁的な理屈であるが、それなりに説得的であるかも知れない。

カントの超越論的観念論の枠組みのなかでは、「表象のアプリオリな形式の乗り越ええない事実性は、その形式を物自体の諸特性に同一視することを禁じてきた。この事実性は、物自体の必然的な特性の資格でのそれらの思弁的な演繹を不可能としてきた」（同前）が、メイヤスーの思弁の立場では、「物自体が表象の超越論的な形式の事実性とは異なったいかなるものでもない」（同前）として、それ自体としての存在を認めることが出来ると言うのである。メイヤスーの物自体は、所与としての表象の形式の事実性にほかならないのであり、カントの言う人間認識に接近不可能な叡智界や感覚的な所与の背後にある物自体ではなく、相関主義と同様に、相関の所与であって、物自体はその所与の第一性質、数学化可能なものであり、我々の存在以前と以後にも存在し続ける物質的世界なのである。思惟する存在である人間やその他の生物が誕生する以前にも存在し、それらが絶滅してもなお存在し続ける世界である。

それではもう一つの証明、「物自体は無矛盾である」の証明はどのようにして行われるのであろうか。

2 「物自体は無矛盾である」をどう導くか

事実論性の原理が主張するハイパーカオスは、本来、絶対者としてそれを縛るいかなる拘束もありえず、いかなる原理にも縛られないはずであり、矛盾律、無矛盾の原理にも縛られないはずである。確かに我々の思惟は、無矛盾の原理に縛られるが、ハイパーカオスとしての絶対者は無矛盾律に縛られることはないはずである。メイヤスーは、アリストテレスがその『形而上学』第四巻第三～四章で「同じもの〔同じ属性・述語〕が同時に、そしてまた同じ事情のもとで、同じもの〔同じ基体・主語〕に属し且つ属しないということは不可能である」（アリストテレス『形而上学』出隆訳、岩波文庫、一九五九年、上巻一二二頁、1005b20）という矛盾律について論じた際、「何人も矛盾を思惟することは出来ないと論証しているが、彼は、そうだからといって、矛盾が絶対的に不可能であるとは論証していない」(95，一〇六）と言う。そしてメイヤスーは、このことは、ハイデガーやウィトゲンシュタインなどの強い相関主義者も同様であって、彼らは「矛盾を思惟することができないということを認めるであろうが、それがまさにその絶対的な不可能性の証明であるとは認めないであろう」（同前）と言う。彼らは、思惟の法則としては矛盾律を認めても、思惟とは異なる存在自体の次元で矛盾が排除されているとは考えず、彼らは可能的なものそれ自体が我々にとって可能的と考えられるものと同一であるとは論証されていないと考えるであろうからと言うのである。

この点はデカルトも同じであって、デカルトの神は、我々にとっての可能的なものを超えて我々にとって不可能なものも可能的なものとすることができる絶対者である。絶対者とは何ものにも縛られない存在であるからである。したがって我々にとって矛盾する事柄も真とすることが神には可能であったのである。これは、デカルトの唱える論理学や数学的真理などの永遠真理の神による自由創造説であって、彼の形而上学の根幹にある考え方であり、彼の形而上学的省察の初期から終生抱いていた考えである。デカルトは、「神の力は測り知れず、そして一般に我々は、神は我々が理解しうるすべてをなしうることを確信することができるが、我々が理解できないことをなし得ないとは思えない」（一六三〇年四月一五日付メルセンヌ宛の手紙、AT. I. p.146）と述べ、「三角形の三つの角が二直角に等しいとか、あるいは一般的に矛盾した事項（les contradictoires）が共に成り立ちえないというようなことが真ではないようにすることが神には自由でありどちらも可能であるということがどうしてであるかを理解する困難については、神の力はいかなる限界も持ち得ないということ、そして我々の精神は有限であり、神が実際に可能であると望んだ事柄を可能なものとして理解することができるような本性に創造されているが、神が可能にすることが出来たけれども不可能にするように望んだ事柄を可能なものとして理解することができるような本性には創造されていないということを考えれば、その困難を容易に取り除くことが出来る」（一六四四年五月二日付メラン宛の手紙、AT. Ⅳ. p.118）と述べて、神が矛盾律には縛られていないと強調している。

したがって、メイヤスーの唱えるハイパーカオスとしての絶対者は、矛盾律、無矛盾律に縛られないはずである。にもかかわらず、メイヤスーは、ハイパーカオスは矛盾律、無矛盾の原理に縛られると言う。どのようにしてであろうか。

メイヤスーは、ハイパーカオスがハイパーカオスであるかぎり決して生み出すことのできないものがあると言う。それは、必然的な存在者である。すべては偶然的であって、偶然性が必然的であり、必然的な存在者は不可能であるというのが無理由の原理、事実論性の原理であった。「我々の原理的な知が、カオスの全能性に対してさえ絶対的に不可能であるものとして我々に保証する何かが存在する。カオスが決して産み出すことのできないこの何ものか、それは、必然的な存在者である。すべては、産み出されることができ、すべては生じることができる。ただ必然的なものを除いて」(101, 一一三)。

メイヤスーは、ここから、「カオスは、カオスであり続けるために実際に思惟不可能なものを産みだすことができない」(103, 一一五)ということ、すなわち「思惟不可能なもの(l'impansable)、非論理的なもの(l'illogique)、矛盾的なもの(le contradictoire)」(103, 一一四)を産みだすことができないということを論証しようとする。つまり、もしこれらの矛盾的なものをカオスが産みだすとすれば、カオスはカオスの存在自体に反する必然的なもの、必然的な存在者を産みだしてしまうからと言うのである。少し煩瑣であるが、この点の論証を見てみよう。

メイヤスーは、世界の生成変化が矛盾の実在性を示すものとされがちであるが、実在的な矛盾を生成変化、流れと結びつけることは間違っていると言う。「ひとはとかく、あらゆる事物の純粋な生成(devenir)の思想家を、矛盾の実在性(réalité de la contradiction)を主張する思想家と見なしがちである。そのとき実在的な矛盾の観念は、すべての事物がそれとは他のものになることを止めず、そこでは存在が非存在になり、非存在が存在になることを止めない、流れの観念として解釈されている。

しかし、我々には、実在的な矛盾のテーゼを最高の流れのテーゼに結びつけることは非常に不正確であるように見える」（105-106, 一一八）。

メイヤスーは、生成変化には、いかなる矛盾もないと言う。「実在的な矛盾は、普遍的な生成のテーゼに決して同一化されることはない。なぜなら生成においては、事物はこれであり、次にこれとは別のもの（autres）――事物は存在し次にもはや存在しない――であるからである。そこには、したがって、いかなる矛盾も存在しない。というのも存在者は決して同時にこれであるとともにその反対、存在しているとともに存在していないということはないからである」（107, 一二〇）。

メイヤスーは、こうして生成変化と矛盾とはまったく無関係であり、むしろ実在的な矛盾は生成変化を否定し破壊するものであると言う。なぜなら、生成変化は、あるものが他のものになることであるが、矛盾したものは、他のものもそれ自身であるゆえに、他のものになることが出来ないからである。矛盾したものは、いかなる生成変化においても、同時にそれ自身であることを止めないからである。矛盾した存在者は、「それがすでにそれでないものであるので、変化することができないからである。より正確には、何らかの矛盾を維持することのできるものがいかなるものでありうるかを想像し、考えることを試みて見よ。それは、特性aを持っており、同時に、そして厳密に同じ条件において、non-aである特性を持っている。その対象は、単に赤く、そして単に赤であるだけではなく、非-赤でもある。そしてそれは、あなたが考えることのできるどのような特性についても同様であり、b且つnon-bであり、c且つnon-c、等々である。いまこの存在者が変化し、それがそうでない何かにならねばならないと考えて見よ。それは理解可能であろうか？　もちろんそうではない。それはすでにあらゆるものであり且つその反対のものでもある。矛盾的な存在は、完全に必然的である」[3]。

矛盾した存在者は、いかなるカオスにおいても生成を免れる「完全に永遠（parfaitement éternel）」な存在者、いかなる他性（altérité）も持たない必然的存在者になるのであり、したがって矛盾した存在者、実在的な矛盾は、ハイパーカオスのもとでは、排除されなければならないのである。偶然性が必然的であるハイパーカオスの世界、事実論性の原理の貫徹する世界においては、矛盾は排除されねばならないのである。論理的矛盾と同時に、実在的矛盾も排除されねばならないのである。

メイヤスーは、「矛盾の最大の偉大な思想家」であるヘーゲルが「至高の生成の思想家ではなくて、反対に絶対的な同一性の、同一性と差異性の同一性の思想家であるとしたら、それは偶然ではない」と言う。なぜなら「ヘーゲルが力強く看取したのは、優れて必然的な存在者（Étant）がそれに外的であるいかなるものも持たない──いかなる他性によっても制限されない──存在者でしかあり得ないということであるからである。最高存在者は、したがって、それが他なるものへと移るときにも、それ自身に止まる存在者、その展開の契機として矛盾をそれ自身の中に含む存在者──それが他のものになるときでさえ、何ものにもならないという最高の矛盾を真とする存在者──でしかあり得なかった。永遠にそれ自身の中に憩う最高の存在、なぜならその最高の同一性の中に生成としての差異を吸収するからである。最高に永遠の存在、なぜなら永遠と同時に時間的であり、不変的であると同時に過程的であるから」（107, 一二〇）。

メイヤスーは、グレアム・ハーマンのインタビューの中で、彼がヘーゲルを嫌っているという風評について聴かれて次のように答えている。上に述べられた内容と関連するので、少し長いが引用してみる。

私がヘーゲルを嫌っていると誰かが考えることができるとは、私にとってはまったくの驚きです。ヘーゲルは、マルクスとともに、私の唯一の真の師であり、私自身の思考を成し遂げるために私が頼らなければならなかった人です。以前に述べましたように、私は学生の時には、ヘーゲルを熱中して読みました。そして誇張なしに、弁証法への愛は、私の青年時代において「私を虜にした」と言うことができます。私がこの思考様式を捨てたのは、実在において矛盾が決して存在しえないという深い理由を理解してからです。確かに緊張（tensions）、衝突（conflicts）、対立（collisions）は有りえますが、矛盾は決して現実には有りえません。この矛盾の不可能性の理解は私を私が「事実論的（*factual*）」と呼ぶ必然性の核心部に押し出しました。弁証法家にとって、もし絶対的必然性があるなら、それは、実在的であると同時に常にすでに乗り越えられる途上にある矛盾を含んでいます。私にとって、偶然性の必然性は、矛盾が存在しえないことを含んでいます。というのも、矛盾した存在は、つねにすでにそれがそうでないものであるので、究極的に必然的なものとして現れるように定められているからです。私の思いとしては、実在的な必然性（形而上学）を信じることと、それをもっとも大きな厳格さで擁護することは、人を弁証法家になること、そして矛盾を語ることを宣告されることを余儀なくします。ヘーゲルはこのことを誰よりもよく理解していました。彼は、すべての形而上学の核心を純粋な単純な矛盾として明らかにし、もし人が以前からの絶対的必然性を擁護し続けることを望むなら、優れて非合理的な概念である矛盾の概念を再生させることが必要であると論証しました。そしてここに私たちは弁証法の真の偉大さを見出します。それは、すべての実在的な必然性の矛盾的な性格を示すのです。そしてそれは、反対に、すべての存在論的な矛盾の絶対的な拒否、すなわち諸事物、諸法則、諸出来事のどんな必然性であれその拒否によって支払われなければならない代価を必要とします。(4)

このヘーゲルについてのメイヤスーの見解は、彼の矛盾、必然性、偶然性についての考え方をよく示すものであると言えるであろう。「物自体は無矛盾である」こと、すなわち無矛盾性の原理は、偶然性が必然的であるという無理由の原理、事実論性の原理から確実な原理として導出されるのである。

ところでこの「物自体は無矛盾である」という無矛盾性の原理は、物自体は「思惟不可能なもの(l'impansable)」、「非論理的なもの(l'illogique)」ではないことを意味しており、これは、メイヤスーが未だ我々に提示していない自然の数学的認識の成立可能性の根拠づけに繋がる議論になると推察されるのである。見てきたようにメイヤスーは、事実論性の原理から、物自体の存在とその無矛盾性を導出したが、彼にはさらに科学的な真理を構成している数学的な認識の絶対性を導出する必要があるのである。その糸口がここにあると思われるのである。

以上我々は、メイヤスーの絶対的な原理である事実論性の原理から、物自体の存在証明と無矛盾性の原理の証明を見てきたが、理由律の否定である事実論性の原理と無矛盾律の原理は、ライプニッツの二つの原理、理由律と矛盾律にかかわるので、ライプニッツとの関係で両原理がどのように考えられるかを見てみることにしたい。

3　ライプニッツの二原理との関係

ライプニッツは、その『モナドロジー』において、われわれ人間の思考の法則として二つの原理、「矛盾の原理」と「十分な理由の原理」があると言う。

31　われわれの思考のはたらき（raisonnements）は、二つの大きな原理がもとになっている。一つは矛盾の原理（*principe de la contradiction*）で、これによってわれわれは、矛盾をふくんでいるものを偽と判断し、偽と反対なもの、すなわちそれと矛盾するものを、真と判断する。

32　もう一つの原理は、十分な理由の原理（*principe de la raison suffisante*）である。これによると、AがなぜA以外ではないかということを、十分にみたすにたる（究極的な）理由がなければ、どんな事実も真ではない、存在もできない。またどんな命題も、正しくないということになる。もっともこのような理由は、十中八九、われわれには知ることができないのであるが」[5]。

ライプニッツは、この二つの思考の原理を述べた後、真理にも二種類、「思考の真理（les vérités de *Raisonnement*）と事実の真理（les vérités de *Fait*）」があり、思考の真理が必然的な真理で、その反対が不可能な真理であるのに対し、事実の真理の場合は、偶然的真理で、その反対が可能であると言う。というのも、思考の真理の場合は、数学や論理学の真理に関わり、前提とされる定義や公理、公準から演繹されるので、結局同一命題であって、その否定は矛盾命題になる論理的必然性を持っているが、この世界に生じる事柄にかかわる事実の真理の場合は、現実に生じる事柄が生じなかったとしても、矛盾は生じず、その世界も有り得たので、偶然的な真理ということになると言う。ただしかし、この偶然的真理である事実の真理にも、それを根拠づける十分な理由があるとライプニッツは言う。「十分な理由（*raison suffisante*）は、偶然的真理である事実の真理（*vérités contingentes ou de fait*）のなかにも、かならずある」（『モナドロジー』36）のである。

ライプニッツは、『モナドロジー』と同じ頃書かれた『理性にもとづく自然と恩寵の原理』において、「何故何も無いのではなくて何かがあるのか（Pourquoi il y a plutôt quelque chose que rien ?）」と「何故諸事象はそのように実在して、別のようになっていてはいけないのか[6]」という問いに答えるのが十分な理由の原理であると言う。そしてこの偶然的な事象の系列の中にその理由を辿っていっても最終的な理由には行き着くことができないので、この系列の外の「神」に最終的な理由を求めざるをえないと言う。

ライプニッツは、必然的な真理である思考の真理が「矛盾の原理」に基づくのに対し、事物の現実的存在の真理は、「十分な理由の原理」に基づくことによって成り立つと言う。この十分な理由とは、「最善の原理（principe du meilleur）」であって、現実の世界は、神が論理的に可能な無限の世界から最善の世界を選ぶところから生じるのである。最善の原理によって選ばれたこの事実の世界は、絶対的必然性を持たないが、最善の原理を前提することによって、十分な理由を持ち、「仮説的必然性」を持つと言うのである。

このライプニッツの思考の二原理と二種類の真理の考えに対して、メイヤスーは、矛盾の原理を認めるが、十分な理由の原理、理由律を認めない。矛盾の原理による数学や論理学の真理は認めるが、事実の真理に必然的な根拠、理由はなく、ただ事実の事実性、偶然性しか認めない。ハイパーカオスとしての絶対的な時間、デカルトの絶対的な全能の神に匹敵する絶対者、何ものにも縛られない世界の創造者としての時間がこの世界を根源的に支配しており、したがってこの世界そのものとその世界に存在するいかなる事物、いかなる自然法則、いかなる思惟法則（但し、我々が上に見てきたように、ハイパーカオスとしての絶対者であっても、それ故に論理的矛盾も実在的矛盾も容認することはできないが）もその必然性はなく、可変的可滅的であって、偶然的な存在である。世界と世界のなかの事物や諸法則の「存在理由」、「根拠」はなくてただ存在の事実、その事実性（facticité）しかないのであり、これがメイヤスーの言う「無理由の原理（le principe d'irraison）」あるいは「事実論性の原理（le principe de factualité）」である。

「なぜ何かがあるのであって無ではないのか」「なぜそれがそうであって他のようではないのか」「我々はどこから来たのか、なぜ我々は存在しているのか」の問いに対してライプニッツは理由律を持ち出し、ウィトゲンシュタインなどの現代哲学者はこれらの問題を「偽問題」として、問いそのものを解消しようとするが、メイヤスーは「理由なしに（pour rien）」（163、一八三）、「その理由はない」ということがその答えであると言うのである。

ライプニッツとメイヤスーの間には、矛盾律、無矛盾の原理については意見の相違はない。問題は、十分な理由の原理、理由律に関してであり、ライプニッツが究極的な理由の根拠として神を立てるのに対し、メイヤスーはハイパーカオスとしての「神」を立てて、理由律を否定する。ライプニッツにおいては、モナドには窓がないので、実体間の相互作用は認められないが、力学法則や運動法則は成立していて、あたかも実体同士が相互作用しているかのように対応調和した世界が展開する。因果法則はしっかりと貫徹しており、世界の出来事は因果的に説明可能なのである。ただその因果的な説明の究極的根拠が絶対的な神の最善の原理によるのである。

それに対してメイヤスーにおいては、我々が第2章「カンタン・メイヤスーの偶然性の必然性について――因果的必然性をどう考えるか」で見たように、メイヤスーは、論理学や数学、自然科学の諸法則に基づく学的真理を否定せずそれを認めるが、しかしそれらの究極的な理由に基づく絶対的な必然性を否定する。したがって、何かを前提し、それに基づく条件的な必然性を得ることは可能であるが、究極的な必然性、絶対的な必然性は得られないと言う。

> 我々は、ただ条件的な必然性をのみ手に入れることができ、決して絶対的な必然性を獲得することはできない。もし一定の原因と物理的法則が措定されれば、そのときには我々は一定の結果が帰結しなければならないと主張することはできる。しかし我々は時として他の根拠づけられない原因や法則を除いて、決してこれらの法則と原因に対する根拠を見出すことはできないであろう。究極的（ultimate）な原因や究極的な法則、すなわちそれ自身の実在の根拠を含む原因や法則は存在しない。(7)

こうしてメイヤスーは、因果的必然性を否定し、世界の事象の偶然性、自然法則の偶然性を主張するのである。しかし因果的必然性を否定することが出来るのであろうか。事象間に因果的な力の作用、因果的な法則が働いているのではないか。メイヤスーは、因果的必然性を否定するのであるが、それは間違っているのではないか。思弁的唯物論を唱えるのであれば、物体間に因果的な作用、因果的な力が働いていることを認めなければならないのではないか。我々は次に、この点を見ていきたい。

注

（1）Quentin Meillassoux, *Après la Finitude: Essai sur la nécessité de la contingence*, Seuil, 2006, p.85　カンタン・メイヤスー『有限性の後で――偶然性の必然性についての試論』千葉雅也・大橋完太郎・星野太訳、人文書院、二〇一六年。ただし本稿での本書の訳文は筆者のものである。なお、本書からの引用文は、本文中に原著はアラビア数字で、翻訳は漢数字で記す。

（2）メイヤスーは *Time Without Becoming*, Edited by Anna Longo, Mimesis International, 2014, p.11 においてカントが物自体を認識不可能であると言ったにもかかわらず、物自体の次の四つの規定へアクセスする能力を理論理性に認めたとしている。「①物自体（現象があるだけではなく）が意識のそとに現実に存在するということ、②物自体が我々の感性を触発し、我々の中に表象を生みだす（それ故我々の感性は受動的で有限であり、自発的ではない）こと、③物自体は矛盾していないこと――無矛盾律は絶対的な原理であり、単に我々の意識に相対的ではないこと、④物自体は、時間空間的ではありえないこと、なぜなら空間と時間は単に主観的な感性の形式であって、物自体の特性ではないからである。言い換えれば、我々は物自体が何であるかを知らないが、物自体が何でないかを絶対的に知っている」。

（3）Quentin Meillassoux, *Time Without Becoming*, p.28

（4）Graham Harman, *Quentin Meillassoux: Philosophy in the Making*, 2nd Edition, Edinburgh University Press, 2015, pp.217-218

（5）『スピノザ　ライプニッツ』清水富雄・竹田篤司訳、中央公論社「世界の名著」25、一九六九年、四四五頁。

（6）*Principes de la Nature et de la Grâce, fondéesen raison*（1714）, Die philosophischen Schriften. 7 vols. Edited by C. I. Gerhardt. Berlin, 1875-90. Reprint, Hildesheim: Georg Olms, 1965. VI, p.602　ライプニッツ『単子論』河野与一訳、岩波文庫、一九五一年、一五七頁。

（7）Quentin Meillassoux, *Time Without Becoming*, p.21

第4章

因果的必然性をどう考えるか
——カンタン・メイヤスーの思弁的唯物論批判——

我々は先に、カンタン・メイヤスーがその思弁的唯物論の展開において、必然性に関して、ただ論理的数学的な必然性、無矛盾性のみを認め、それ以外の必然性を認めないこと、自然法則の必然性を認めないこと、自然の諸現象に因果的な必然性を認めず、諸事物は互いに因果的な作用を及ぼし合っていることを認めないことを見てきた。

この因果的必然性を否定するメイヤスーの立場はヒュームの考えと変わらないが、ヒュームが、自然物が相互に因果的な作用を及ぼし合っていることを経験と理性によって証明できないとしても、その因果的な関係を否定するのではなく、その説明を心的な想像力の習慣的な傾向性によって説明するのに対し、メイヤスーの場合は、きっぱりと諸事物相互の因果的な作用を認めない。世界は非因果的な世界なのである。

このメイヤスーの因果的必然性の否定、事物間に因果的な作用が働いていることの否定に対して、我々は、事物間に必然的な結合、作用が働いており、また時間のある瞬間と次の瞬間との間に因果的な関係を認めなければならないと考える。「思弁的唯物論」を唱えるのであれば、物体間に因果的な作用、因果的な力が働いていることを認めなければならないのではないか。この点を考えてみたい。

そこでまず、メイヤスーがヒュームの因果的必然性についての批判を基本的に引き継いでいるので、ヒュームの見解を見ておきたい。

1　ヒュームの因果性批判

ヒュームは『人間本性論』第一巻第三部の主にその第二節及び十四節[1]で、原因とされる対象と結果とされる対象との間の因果関係の観念の起原が、対象自身の特定の性質ではなく、対象間の関係、（1）原因とされる対象の結果とされる対象への空間と時間における隣接（contiguity）、（2）その時間的先行（priority of time）・継起（sucession）、（3）両者の必然的結合（necessary connexion）の三つの関係にあると言う。そしてこの三つの関係のうちで、必然的結合が因果関係にとってもっとも重要な関係であると指摘する。ヒュームによれば「すべての観念の起原はそれに対応する印象にある」ので、この必然的結合の観念の起原となる印象を探すことになるが、隣接と先行・継起が対象間に直接印象として知覚される関係であるのに対し、必然的結合の関係は対象間に感覚的な印象として知覚されることはできない。原因とされる対象が必然的に結果とされる対象を生じさせるというのが因果性の最も重要な関係であるが、この必然性、必然的結合の本性とはいかなるものかが問われる。

ヒュームは、この問題はこれまで哲学者たちがたずさわってきた「原因の力能（*power*）と効力（*efficacy*）」が何であるのかという問題と同じものであり、哲学者たちはさまざま回答を用意し、論争を繰り返してきたが、哲学者たちは論争をする前に、まずその力能、効力の観念がいかなるものかを明確にしておくべきであったと言う。哲学者たちは、これまで、言葉による定義によって、この観念を理解しようとしてきた。しかし、たとえば、「原因が結果を必然的に伴うのは、原因が産出する力能をもっているからだ」というように、必然的結合を産出力によって定義しても、それは正しい定義にはなっていない。なぜなら、そもそも「効力」、「作用性（*agency*）」、「力能」、「力（*force*）」、「活動力（*energy*）」、「必然性」、「結合（*connexion*）」、「産出的性質（*productive quality*）」などの名辞は、ほとんど同意語であって、互いに定義することはできないからである。したがって、ヒュームは、原因の力能や効力の観念を明らかにするためには、定義によってではなく、その観念の源泉である印象を捜すようにしなければならないと言う。

この観念はどこから生じるのか、まず第一に考えられるのは、理性による次のような推論から得られるという説である。すなわち、物質の中に新たな運動や変化が生じるのを経験した後、それらを産出する力能がなければならないと推論することによって、力能、効力の観念に行きつくというのである。しかしこれは間違っているとヒュームは言う。なぜなら、（１）理性だけではいかなる新しい観念も生み出すことは不可能であり、（２）経験から区別された理性は、存在のすべての始まりに際して、原因とか産出的な性質が絶対に必要だと断定することはできないからである。というのも、ヒュームによれば、理性は観念間の必然的な関係を知る能力であるが、因果的な関係は観念間の必然的な関係、その否定が矛盾を含む論理的必然的な関係ではないからである。

それでは、力能、必然的結合の観念はどこから生じるのか。一方が原因、他方がその結果と言われる二つの対象を考察してみると、この二つの対象それぞれの性質の中には必然的結合、力能というものはない。またこの二つの対象の間には、時間的・空間的な隣接と、原因の結果に対する先行性という二つの関係が見出されるが、必然的結合という関係は見出されることができない。因果関係にある一つの事例においては、これ以上進めない。次に、類似した二つの対象が、類似した隣接と継起の関係にある複数の事例を観察してみよう。この場合には、我々はすぐさま両者の必然的結合、原因の結果を生じる力能を思いいだく。したがって、必然的結合、力能の観念は、隣接・継起の類似した関係における類似した対象の反復（repetition）、恒常的随伴（constant conjunction）から生じるので、必然的結合と力能の観念を理解するためには、この反復、恒常的随伴を考察すればよいということになるとヒュームは言う。

力能の観念は、一つの事例の中には見出されず、反復において生じたのであるから、まったく新しい観念である。ところで、単なる反復は単一の事例に見出される観念を重複するだけで、新たな観念を生み出しはしないし、個々の事例はまったく別個に独立しているのだから、単なる反復、恒常的随伴は、対象の中に新しいものを生み出しはしない。にもかかわらず、力能、必然性といった新たな観念が、この反復、恒常的随伴から生じるのであるから、反復、恒常的随伴は、それらの観念の源泉である新しい何かを生み出さねばならない。

反復は、対象の方にいかなる新たなものも生み出しはしないとしても、この反復を観察する心のうちに、力能の観念の原型である新しい印象を生み出すのである。二つの対象の恒常的な随伴を観察した後では、一つの対象が現れると、我々の心はその随伴物へと移るように規定され限定されるように感じる。この規定（determination）こそが、力能、必然性の観念の源泉なのである。したがって、必然性の印象は、いかなる対象の中にもなく、心の中にのみ存在し、心の内的な印象（internal impression）、「反省の印象（impression of reflection）」なのである。因果的な必然性とは、原因・結果の恒常的随伴の経験から、原因から結果へまた結果から原因へと、想像力の習慣によってすむ心の規定、心がそのように規定されていると感じること以外の何ものでもないということ、これが、ヒュームの因果性についての結論である。

2　ヒュームの因果性批判の問題点

ヒュームは因果的な必然性が原因と結果とされる対象間の必然的な関係ではなく、類似した原因と結果との反復、恒常的な随伴を観察した心の傾向性、強制感にあるということ、したがって、対象間には必然的な結合、産出的な性質や関係はないと考える。類似した原因とされる対象に類似した結果とされる対象が常に随伴し、反復されることから、この繰り返しから因果的な必然性の印象が心に生じると言うのであるが、しかしこのヒュームの因果性の捉え方に問題はないであろうか。

確かに、ヒュームが言うように、原因とされる対象と結果とされる対象の間には必然的関係は見いだすことはできない。炎があれば熱があるという因果関係において、炎と熱の観念の間には、いかなる必然的な関係も見いだすことはできない。炎と熱の間には、隣接と継起の関係は知覚できても、必然的結合の関係を知覚することはできない。「熱」とは別の観念、たとえば「寒」の観念が炎と結合しても、いかなる矛盾もあり得ないというのが、ヒュームの因果関係についての見立てであった。因果関係は、「三角形の三つの角の和が二直角に等しい」というような論理的な必然性を持たない関係、その否定が矛盾を含む関係ではなく、その関係は理性的な推論の対象ではなく、経験的に見いだされる関係であるというのがヒュームの主張であった。因果関係におかれた二つの対象の間には、必然的な結合の関係は見いだされることができず、必然性は、ただ両者のあいだに反復、恒常的随伴が伴うことからそれを知覚する心の主観的な傾向性、規定性でしかないと言うのであるが、しかしそうであろうか。

ヒュームの因果的必然性に関する主張の中心は、類似した原因とされる対象と類似した結果とされる対象とが常に反復され、恒常的に随伴することから因果的な必然性についての心的な規定性、強制性が生じ、これこそが因果的な必然性であるというのであるが、問題は、そもそもなぜ類似した対象が反復、恒常的随伴されるのであるか、この世界はなぜ類似した原因とされる事象が類似した結果とされる事象に類似した関係を反復するようになっているのかということである。その理由、原因こそ問われねばならないのではないか。

ところで、この問題が問われねばならないのは、理由律を否定するカンタン・メイヤスーの場合も同じであって、メイヤスーは、この世界の諸事物と諸法則そして思惟の論理諸法則は、事実として理由なしに存在し、それゆえ理由なしに変化しうるというテーゼ、「無理由の原理（principe d'irraison）」

あるいは「事実論性の原理（principe de factualité）」を主張する。そして無理由であるのもかかわらず、この世界は安定していると言う。その安定性は、理由なしに偶然的に安定していると言う。この点のメイヤスーの正当化の議論については、我々は、第２章「カンタン・メイヤスーの偶然性の必然性について――因果的必然性をどう考えるか」で論じたが、しかし、これはやはりおかしいのではないか。メイヤスーは、この世界の安定性を必然性によってではなく、偶然性、ハイパーカオスとしての偶然性によって説明しようとするのであるが、これはおかしいのではないか。メイヤスーもまた、ヒュームと同様に、論理的真理、無矛盾律は認めても、事物相互の間に因果的必然性を認めない。そこで、我々は因果的必然性をどのように考える必要があるのかを考えたい。

3　因果的必然性とはなにか

ヒュームは、因果関係の必然的結合の関係は、類似した隣接と継起の関係にある複数の事例の反復、恒常的随伴を観察する我々の心に生じる習慣的な規定性であると言う。しかし、我々は、そもそもなぜ類似した対象が反復、恒常的随伴されるのか、この世界はなぜ類似した事象が類似した関係を反復するようになっているのかということこそ問われねばならないと述べた。ヒュームはその理由を不問に付しているが、これこそ問われねばならない。

それではその問いはどう答えられるのであろうか。それは、原因とされる対象が結果とされる対象を対象自身の関係において必然的に産出するということである。そうでなければ、類似した対象間に類似した関係の反復、恒常的随伴はあり得ないのである。マリオ・ブンゲは、ヒュームの因果性把握を批判して、因果連関（causation）が「観念と観念の間の関係を表すカテゴリー」ではなく、「存在論的な身分(2)」をもつ関係であり、「現実の事象の間に、すなわち自然や社会に起こる出来事の間に、たとえ近似的にであろうとも見いだされるところの、依存関係の客観的な形式」（ブンゲ、二四）であるとした上で、原因と結果との因果関係を両者の恒常的随伴に見るヒュームの学説は、「原因をなす動因が通常有すると思われる能動的で生産的な働きを述べていない」（同前、六〇）こと、すなわち因果関係にとって本質的な「原因が結果を産出する」ということ、「産出性（productivity）」が欠けていると批判する。因果連関は、単なる恒常的随伴、規則性ではなく、生成的結合（genetic connection）のカテゴリーであって、産出性が不可欠なのであり、この産出性があるゆえに原因と結果とされる両者の恒常的随伴が生じるのである。ブンゲは、因果連関を表す最適の命題を、「もしCならば、（そしてそのときにのみ）常にEである」ではなく、「もしCが起こるならば、（そしてそのときにのみ）Eは常にCによって産出される」（同前、六五）とする。

ヒュームにおいては、「異なる対象は、すべて区別でき、区別できる対象は、すべて思惟と想像の能力によって分離できる」（『人間本性論』18, 三〇）という原理によって、原因と結果は分離され、決してその結合は見いだされないというだけではなく、場所や時間の隔たったいかなるものの間にもいかなる結合もないということである。ブンゲは、ヒュームが行う因果連関の産出性への批判には、「世界は各瞬間にある不思議な仕方で新たに創造せられる」ことが帰結し、「過去と未来にはなんらの結合も存在しないということ」（ブンゲ、六三）が前提されていると指摘する。これは、我々が見てきたカンタン・メイヤスーの世界の見方そのものでもある。メイヤスーもまた、因果性そのものの存在を認めず、あるものが存在し続けたり、変化したり、消滅したりするのは、何らかの原因によらず、偶然性によるとし、文字通り「無からの創造」によるとするのである。時間の各瞬間は独立しており、時間はその歩みの各瞬間においていかなる制約も課されることはなく、したがって、世界は瞬間毎に、無から創造されるとするのである。

メイヤスーとヒュームの違いは、ヒュームが実在の間の因果的な結合を認めず、それにもかかわらず現象の間の因果的な必然的結合を否定せずに、それを類似した隣接と継起の関係にある複数の事例の反復、恒常的随伴を観察する我々の心に生じる習慣的な規定性であるとするのに対し、メイヤスーは、文字通り因果的必然性を否定する。世界は偶然性に支配されているのである。しかし我々は、ブンゲと共に物体間に因果的な作用、因果的な力が働いていると考える。そこで次に、この因果的な力について探ってみる。

４　因果的な力

本書第５章で取り上げるイギリスのロイ・バスカーの提唱した批判的実在論（critical realism）の形成に影響を与え、『科学と実在論（*A Realist Theory of Science*）』（一九七五年）として結実するバスカーのオックスフォード大学での博士論文の指導を行ったロム・ハレが、Ｅ・Ｈ・マッデンとの共著で同年に刊行した『因果的諸力――自然必然性の理論――（*Causal Powers: A Theory of Natural Necessity*）』は、因果性についてのヒュームの考えとそれを引き継ぐ規則性説（Regularity Theory）を批判し、因果的な必然性が結果を産み出す力に基づくことを力説する。

ハレによれば、ヒュームと規則性説は、「因果関係の言明の経験的な内容は、原因のタイプの出来事、状態等が結果のタイプの出来事、状態等に規則的に先行しているという言明にすぎない」と主張して対象自体の因果的な必然性を否定し、「因果的な産出における力を有する事物の産出的な力の現れの経験と、それらの結果の見かけの必然性は、随伴の規則性を経験することによって生み出される心理的な現象であると断定される」[3]と指摘する。

この断定に対してハレは、「我々の世界が力を有する諸個物（powerful particulars）の相互作用するシステムであり、それらが相互作用によって生み出す諸事象のパターンと諸特性の全体は、我々が経験する世界の多様な諸現象を引き起こす」（Harré, 7）と考える。そしてこの「世界の中の自然的必然性は、世界についての言説のなかの概念的必然性（conceptual necessity）のなかに反映される（reflected）」（Harré, 6）と考える。たとえば、「酸溶液は、アカミノキ溶液を赤く変色させる」と我々が見なすのは、「酸性」と「アカミノキ溶液を赤く変色させる力」との間に成り立つ関係の概念的な必然性によってである。「かなり進んだ発展段階にある科学においては、その概念的な必然性は、酸の力の化学的説明によってさらに裏付けられる」（Harré, 10）からである。また、吸い上げポンプの場合、筒の中が部分的に真空の時に大気の圧力が水をくみ上げるように作用し、この作用には地球を取り巻く大気の重さが働いているが、それにはまた地球の引力が働いている。ハレは、このような因果的な関係を表す「述語の間の関係に含まれている概念的な必然性は、物理的なシステムの活動の帰結の自然必然性を反映している」（同前）のであり、「個々の事物のもつ力と能力は、原因と結果を結びつける存在論的な結合物（ties）であり、因果的な言明の概念的な必然性が反映するもの」（Harré, 11）であると言う。

たとえば、「銅」の概念について、科学者は、「展性、可溶性、延性、伝導性、密度8.92、原子量63.54、原子番号29といった諸特性を有するものとして言及する」（Harré, 12）であろうが、最後のものを除いて、これらの諸特性は、潜在的性質（dispositional）であり、ある力能、傾向性であって、ある物質が何であるかを特定するのに役立つ諸特性である。「もしこれらの特性のうちのあるものを欠くなら、その物質は正当に「銅」とは呼ばれることはできない」（Harré, 13）のであり、これらの諸特性の集まりは、銅の必然的な属性なのである。ハレは、この点を、ロックの物質的な実体概念についての唯名的本質（nominal essence）と実在的本質（real essence）をめぐる議論を援用して、「その現れがその唯名的本質を作り上げているすべての潜在的特性は、その原子の構造に関連づけて説明可能であり、ここからその構造を介して互いに結合されている……展性、可溶性、伝導性の潜在的諸特性は、能動的に水を揚げる大気の力が大気の本性によって説明されるように、銅の原子構造によって説明される」（同前）と言う。これはロックが、「太陽がロウを白くしたり、火が鉛を溶かせたりする力能をもっている」[4]という特性を物体の「第三の性質」に分類した時に、物体間の相互の作用による変化について述べたことである。「酸溶液は、アカミノキ溶液を赤く変色させる」のは、酸溶液を構成する第一性質の構造が、アカミノキ溶液の第一性質の構造を変化させて赤く変色させるのである。「あるものが何であるかということと、それが何を行うことができ何を蒙ることができるかの間の関係は、自然的に必然的である。「銅」のような語の使用によって帰される諸力と諸傾向の全体の概念的な必然性が反映するのは、この自然的必然性である」(Harré, 14) というのが、ハレの因果的必然性についての考え方である。

因果的な必然性は、論理的な必然性でも心理的な必然性でもない自然的な必然性を反映した概念的な必然性なのである。

因果的な必然性は、確かにその否定が矛盾を含むような必然性ではない。「水は熱せられると凍るということにいかなる矛盾もない。自然の過程における変化は自己矛盾ではない」(Harré, 44)。しかし水の本性が同一のままで熱せられて凍ることはないのである。「ある個物とその本性が説明するのに役立つ力、能力、傾向性との間には必然的な関係がある」(Harré, 47) のである。もし逸脱した反応がある場合は、その事物の本性の中に変化があるからである。もし酸溶液がその本性を変質させてもはや酸でなければ、アカミノキ溶液を赤く変色させることはないのである。

ハレは、ヒュームとともに分析哲学者たちが主張するアポステリオリとアプリオリの区別が知識の偶然性と必然性の違いに厳密に対応するという想定を批判する。確かに偶然的な事実のアプリオリな知識はないであろうが、必然的な事実のアポステリオリな発見はありうるのである。「化学の元素の研究の歴史のような単純な例は、我々がその歴史を理解するためには、諸特性の間の、したがって諸述語の間の必然的な関係のアポステリオリな発見という考えを使うことを要求されることを示しているということが我々の主張である」(Harré, 18) とハレは言う。科学的な探究における自然の因果的な必然性の認識は、アポステリオリに得られるのである。

５　因果性の知覚

ヒュームは、因果的な関係の知覚は、対象にも対象間の関係にも見いだされることはできず、類似した原因とされる対象と結果とされる対象との関係の反復、恒常的な随伴を観察した心に生じる傾向性、強制感であると言うが、これに対してハレは、我々は因果的な力を直接知覚できるし知覚していると言う。「我々は、時には本当に、波が岸を侵食し、斧が薪を割り、雪崩が村を破壊するのを知覚する。浸食する、割る、破壊するは、明らかに因果的な概念である」(Harré, 49)。

もちろん因果性が直接知覚できると言っても、その知覚は事物の呈する色の知覚のようなものではなく、運動の知覚に似ている。「その運動の知覚は純然たる知覚である。その運動は、異なった相対的な位置の継起的な位置どりの観察から推論されるのではない。クッションをへこませる鉄の玉は、質的に鉄の玉と同然であるが、しかし我々はそれがクッションにあたりクッションの形を変えるのを見る」(Harré, 51)。ハレは、個別的な知覚判断において我々が因果関係の知覚を持つという有名なA・ミショットによる実験結果[5]を引いて、因果性が直接知覚されると言う。ミショットの実験とは、次のようなものである。

実験１：被験者は、スクリーンから一・五ｍ離れたところに座っており、スクリーンには長さ一五〇㎜、高さ五㎜のスリットがある。このスクリーンの均質の白い背景の上に一辺五㎜の正

> 方形が二つある。一つは赤色でスリットの中央にあり、もう一つは黒色で、赤の左方四〇㎜にある。黒の正方形を『物体A』、赤の正方形を『物体B』と呼ぶことにする。被験者は物体Bを凝視している。ある瞬間物体AはBの方へ約三〇㎝／secの速さで動き始める。AはBに接触すると同時に止まり、他方BはAから同じ速さか、むしろかなり遅く、例えば六～一〇㎝／secで離れていき、その速度次第で二㎝かそれ以上動いて止まる。(Michotte, 20)
>
> 実験2：条件は実験1と同じである。唯一の違いは、AがBに到着した後、スピードを変えずにその進行を続けるということである。AとBが接触した時から、今度は、BはAと同じスピードで動き出す。AとBは共に運動している間は並んだままであり、両者の結合によって二色の長方形をつくり、三～四㎝動いて停止する。(Michotte, 21)

実験1の場合、被験者は極端に分析的な仕方で観察した一、二の人を除いて「AがBにぶつかる」、「AがBを押す」、「AがBを動かす」のような回答をし、実験2の場合は、「AがBを一緒に押して行った」、「AがBを運んでいった」と回答した。ミショットは、実験1を「打ち飛ばし効果(Launching Effect)」、実験2を「引き連れ効果(Entraining Effect)」[6]と呼んで、両者とも因果関係の知覚をもたらすと見る。

ハレは、ミショットの実験が、ヒュームとは反対に、機械的な因果関係の知覚にとって、「習慣や期待」が必要条件でないことを示していると評価している[7]。また木曽好能氏も、この実験を追試した上でミショットの実験結果が「個別的な因果作用すなわち因果連関を直接知覚できることを示している」（『人間本性論』解説、四九七）とし、幼児においてもこの経験はあり得るであろうと述べて、それには、「我々は、我々が観察する二事象の諸継起、特に、隣接しかつ継起する二事象の系列を、そもそも我々の誕生直後から、少なくとも、何らかの因果関係にあるかもしれないものと見なしている」（同前、五〇二）のであり、我々は因果律を、経験的な世界に妥当する――カントの「因果律」のアプリオリなカテゴリーとは異なる――生得的仮説として保持しているのではないかと見ている。ミショットの実験とそれを巡るこの理論的評価は、我々の系統発生的な起原を持つ知覚像装置が、現実の世界のもつ因果的な構造に適合して生物的な知覚像装置を進化発展させてきたことを思えば、納得できる見方である。

ミショットは、因果性の知覚あるいは因果的な知覚は、直接「因果的印象（causal impression）」として知覚されるということであり、「我々の側の「解釈の働き」によるものと見なしたり、また過去の経験の影響や他の仕方で我々自身が運動のある基本的な印象に「意味」を与えると想定したりすることは、論外である。反対に、形、運動等々の知覚があるのと同じ意味で、因果性の現実の知覚がある」（Michotte, 87）と明言する。因果的な印象は、単に現象的なレベルにとどまることなく、客観的な物理的なレベルでも妥当するのである。確かに、ミショットの実験は、スクリーン上の二つの対象の「打ち飛ばし」や「引き連れ」の映像を見て力学的（mechanical）な因果的な印象があるかどうかを答えさせる実験であり、その意味で物理的な因果性はなく単に因果性の現象的な知覚が問題になっているが、ミショットは、この実験は現象的なレベルにその意義を限定するのではなく、「因果的な印象を性格づける「産出性」は物理的なものとして見なされるべきである」（Michotte, 228）として、次のようにその客観性を指摘する。

> 因果性の知覚はすべての他の知覚と同様に「客観的」であると結論づけることができる。日常生活の通常の条件においてある対象の運動の印象が通常物理的な運動によって「引き起こされる」ように、打ち飛ばし（あるいは引き連れ）の印象は力学的な力の働きと通常対応し、それによって「引き起こされる」。日常言語にこのことを移せば、すなわちその知覚をその現象的な内容によってではなく理解された「物理的な対象」によって記述すれば、我々は、ちょうど自動車の運動の印象が物理的な空間のなかのその移動の知覚であるように、因果的な印象が力学的な力の働きの知覚であると言うことができる。（Michotte, 228）

ところで、ミショットの実験は、力学的な因果性の問題、物理的な物体の運動の産出にかかわる因果性が中心であるが、日常生活では、この力学的な因果性の知覚は特殊なケースであって、質的因果性（qualitative causality）の方が大きな位置を占める。質的因果性とは、ある対象や出来事が生じたり、消失したり、性質を変化させたりすることである。例えば、「火の中で鉄の棒が熱く赤くなる、鍋の水がある温度になれば沸騰する、布が風の中で乾く、砂糖の塊が水に溶ける」（Michotte, 229）などである。力学的な因果性と較べてこれらの場合、因果性の知覚、因果性の印象が直接得られるとは言いがたい。原因の働きはゆっくりしていて、因果性の知覚は得られにくいからである。

他方、原因と結果の間の継起が直接的（即時的）である場合は、力学的な因果性と同様に因果的な知覚が得られる。たとえば「布切れが水に浸された時の色の変化、コーヒーとミルクのような二つの液体が混ぜられたときに生じる色の変化、化学反応の時の色の変化」「電灯のスイッチを押したり離したりした時の光の明滅」「楽器の操作と音の出現」（Michotte, 229）などである。これらの場合ミショットは、質的変化が運動の変化と結びついているときには、力学的な因果性がこの質的変化を引き起こしたものとして力学的な因果性のなかに統合されると言う。ピアノの鍵盤を叩いたり、バイオリンの弦を弓で引くと音が発したり、車のスターターを押すとエンジンがかかる等の場合である。

しかし、運動的な要素が介入しない純粋に質的な変化の場合、「一つの対象における質的な変化が近くの対象における質的な変化によって直接的に後続する場合」（Michotte, 251）には、因果的な印象は生じない。例えば、「赤の円の横に置かれた緑の円が黄色に突然変化すると赤の円が黄色に変わる」（Michotte, 243）実験の場合、被験者は、独立した出来事の継起の印象しか報告せず、因果的な印象を報告しなかった。ミショットは、質的な因果性について、「我々の一般的な結論は、否定的である。多くの試行にもかかわらず、我々は純粋に質的な変化あるいは強度の変化の間には因果性のいかなるケースも発見することができなかった」（Michotte, 249-250）と結論づける。質的な変化の実験においては、因果性概念の中心的な核をなす「産出性」は知覚されなかったのである。因果性の直接的な知覚経験は、「力学的な因果性の特権」（Michotte, 250）なのである。

しかしともかく、我々は、ヒュームの主張に反して、因果性の知覚、因果的印象を持つことができるのである。因果性の観念の起原は、直接的な外的印象にあると言いうるのである。しかしまた、日常生活で大きな位置を占める質的因果性については、ヒュームが言うように因果的な印象を得ることはできないのである。もちろん、因果的印象が得られないからと言って、因果的な関係が存在しないというのではない。むしろ直接因果的印象が得られるケースは少ないのであって、大半は、因果的な印象が得られなくても因果関係が存在するのである。その場合は、直接知覚によるのではなく、理性的な推論によって知られるのである。我々は、この問題に進みたいが、その前に、因果性の観念・印象が外的経験の観察によって直接知覚されるという以上の見解に対して、内的な経験である意志的な文脈にその起原を見る見方について検討しておきたい。

6　因果性の観念の起原を意志的な経験に見る見方について

因果性の観念の起原を外的な知覚経験にではなく、そしてヒュームのいう意味での内的経験、想像力の習慣的な傾向性に基づけるのではなく、心的な働きや身体を動かす際の意志的な働きと努力感覚、意志に対する身体や外的物体の抵抗感覚にその起原を見る見方がある。ジョン・ロックは、その『人間知性論』第二巻第二一章「力能について」で、力能（power）の観念が、外的な世界の様々な変化を観察することによっても得られるが、この場合の力能は、変化させるという能動的力能（active power）というよりも変化させられるという受動的力能（passive power）であり、力能の本来の観念である能動的力能の観念は、私たちの心の作用についての反省（reflection）から得られると言う。「物体は、私たちの心の作用についての反省から得られるほど明晰判明な能動的力能の観念を、私たちの感官を通してもたらすことはない[8]」のである。ロックによると、物体の運動は、他の物体から受け取った運動であって、受動的なものであり、それ自身から活動を開始することはないからである。「運動の始め（beginning）の観念を私たちは、私たち自身のうちに経過するものの反省から得るだけ」であり、「ただ意志するだけで、ただ心の思惟だけで、前には静止していた私たちの身体の部分を動かせる」(9)のである。

このようにロックは、心の能動的な作用である意志によって心的な働きや身体運動を結果として生みだすことができることから、能動的な力の観念、原因の観念の起原を私たちの心的な意志の働きに見る。これに対してヒュームは、『人間本性論』の「付録」でこの見方を取り上げ、「ある物質的原因がそれの本来の結果に対して知覚できる結合をもたないのと同様に、ここで原因と見なされている意志が、それの結果に対して知覚できる結合をもたない」ということ、「意志の作用と身体の運動との間の結合を知覚すること」（『人間本性論』632、一八九～一九〇）はできず、両者の結合は恒常的随伴を経験してはじめて予見されるのであると批判し、意志作用のなかに力の印象は存在しないとして、力能の観念の起原を意志作用に見ることを否定する。確かにヒュームは、意志作用を意識することは認めるが、その意志作用が身体を動かしたり、心の中に観念を呼び起こしたりする力があることを否定するのである。

ヒュームはまた、『人間知性研究』第七節の注では、後のメーヌ・ド・ビランの考えを先取りする考え、「物体において出くわす抵抗（resistance）によって、われわれはしばしば自分の力を行使し、満身の力を結集することを余儀なくされるが、そのことによって活力や力の観念が与えられる。力の観念を写しとしてもたらす原生的印象（original impression）とは、われわれが意識する、この意欲

（nisus）あるいは激しい努力（endeavour）である」[10]という考えを批判している。身体や物体を動かすときに我々は抵抗を受け、それによって我々は努力を尽くすが、その努力感が力の観念、因果性の観念の起原であると見る考えである。ここでもヒュームは、「抵抗に打ち勝とうとするこの努力の心持ち（sentiment）」（同前）は意識され知られるとしても、それが何らかの結果を生み出す力については知られず、その結合はあくまでそれに継起して生じることを経験してはじめて知られると言うのである。因果性の知覚は、あくまで恒常的随伴の経験とそれを観察する心の習慣的な傾向性に発すると言うのである。

力の観念、因果性の観念の起原を意志的な努力に見る考えに対するヒュームのこの批判に対して、メーヌ・ド・ビランは、『人間学新論』で次のように論駁する。

> 因果性（causalité）を継起（succession）と混同することによって、ひとは間違って因果性を適用していること、これ以上確かなことはない。そしてそれは、真の科学に最も反すると同様に、最も普遍的な偏見である。しかし、原因の結果への関係の誤った適用をおこなうためには、我々が先立って産出的原因の概念（la notion de *cause* productive）を持っていることがどうしても必要である。ところで、我々はその概念を何処から得てくるのであろうか。それは生得的（innée）であろうか。それは外部から来るのであろうか。或いは内部から来るのであろうか。継起の全ての観念と同様に、それは繰り返された経験の、もしくは習慣の所産（un produit de l'expérience répétée ou de l'habitude）であろうか。それは、むしろ、最初の瞬間に絶対に間違いのない直接

的な内的な覚知（une apperception immédiate interne）であるのではないか。[11]

ここで、ビランは、因果性を原因と結果とされる二項の継起の関係と捉えることの誤りと、因果性の根本的な概念である産出的原因の概念の起原について、それが生得的でも、外的世界の経験でもなく、そしてヒュームの言う「繰り返された経験、習慣の所産」でもなくて、内的意識の根源的事実（le fait primitif）にあると言う。「意識の根源的事実或いは人間の自我（le *moi* de l'homme）とは……自らを内的に覚知し自らを感知するところの、活動する同一的な力のこの感知以外のもの」（同前、112. 一一〇）ではなく、身体の意志的運動において感じられる事実としての力の感知、因果性の感知である。

デカルトの「私は思う。故に私はある」に対して、ビランは、「私は活動する。私は欲する。或いは私は活動を思惟する。それ故私は自らが原因であることを知る。それ故私は現実に原因或いは力として在り、或いは私は現存する」（同前、77. 七二）と言う。デカルトの精神が、身体から分離された思惟実体であるのに対し、ビランの魂は、身体と結合した存在である。力の概念、因果性の概念は、内的意識の根源的事実として、感知され、覚知されるのである。

このメーヌ・ド・ビランの因果性の捉え方に対して、因果性の印象、因果性の観念の起原を外的世界の経験に見るミショットは、自身の探究が「外的経験の領域で因果的な印象の存在を確立したので、内的経験が因果性の唯一の可能な源泉ではない」（Michotte, 266）ことが帰結するとした上で、力の観念、因果性の観念の起原を内的な努力、筋肉感覚に見るメーヌ・ド・ビランの誤りは、「内在的な活動と因果性を混同していること、我々が内在的な運動的な活動性の事実に適用している因果性の観念が、この事実から引きだされると想定していることである。内在的な活動が、因果性とのその質的な関係のために我々を、因果的な解釈を行うように招き、我々が見るものに因果的な意味を与えるように招く故に、彼はこの見方を採用するように導かれたのである」（Michotte, 271）と批判する。すなわち、意志的な身体運動を行う際の内的意識の存在は否定しないが、その内的な活動性の経験は因果性の経験とは異なっているのであって、ビランが内的な活動を因果性と見做したのは、外的な経験から得られた因果性の経験を内的活動に押し及ぼした結果であると言うのである。ビランの言う根源的事実は、身体的な抵抗に対する意志的努力の「内的な活動性の経験であっても、厳密な意味での因果性の経験ではない」（Michotte, 274）と言うのである。

　メーヌ・ド・ビランの因果性理論については、同じ心理学者のピアジェからの評価もある。ピアジェは、「力の観念がその存在を内的な経験に負っているという事実は、議論の余地はないように見える。この起原を強調した功績は、メーヌ・ド・ビランに属する。……我々自身の筋肉的な努力の感情なしには、我々は力の観念によって我々の周りの運動を説明することができるはずはない」[12]と言って、ビランを評価する。しかし、ピアジェは、この点を容認しながらも、外的な諸事物がもつ因果的な力を内的な力の移転、投影と見るビランについて、子どもの心的な発達過程においてはビランの考え方と逆であると批判する。早い段階での子どもの心的世界を、自己と世界、内と外の世界の一体化し融合した世界と見るピアジェは、「宇宙は、生きている実体的な力に充ちている」（Piaget, 128）のであり、「自己」は外的世界との漸進的な発展的な乖離の結果であって、原初的な直観の結果ではないとビランを批判する。

もし我々がメーヌ・ド・ビランによって考え出されたこの過程を、事実――哲学者の心の中で観察されてきたものではなく、子どもの発達において生じると見られている事実――と対照させるなら、我々は、事柄の順序の厳密な逆転へと導かれる。なぜなら、すべてのことは、子どもが力をすべての外的な物体に帰することによって始めるかのように、彼自身の力の原因である「私」を自分自身の中に見いだすことによって終わるかのように生じているからである。(Piaget, 127-128)

ピアジェは、力の起原をビランの言うように自己の意志、努力に見るのではなく、子どもは力を自己と一体化した外的な世界、諸事物の中にあるものと見ることから出発し、次第に自己と外的世界とを分離させることによって、自己自身の中に自らの力を見出すようになると言うのである。

因果性の観念の起原を意志作用、身体の運動や心の働きを引き起こす意志作用に求める見方に対しては、ハレも次のように批判する。

我々は、因果的な力の働きの我々の経験のために意志的な文脈に限定されないだけではなく、意志的な文脈が物理的な文脈においてほどには容易にまた素早く働いていないということが分かる。スターリング・ランプレヒトによると、「意志の心理的な事実から事物の物理的な推進力へと進む（したがって因果性の信念は物質的な世界の一種の根強いアニミズム的な解釈である）代わりに、我々は物体の推進力における因果性の経験で開始し、単に後になってその概念を我々自身の心的な生活に拡げるのである（そしてそのような拡張がどの程度正当であるかはなおある哲学者たちには未解決の問題のままであるが）」（Sterling Lamprecht, *The Metaphysics of Naturalism*, Appleton-Century-Crofts, 1967, pp.136-7)。実際、因果性の考えは、最初に子どもへの事物のぶつかり、打ち、押しに気づくことからではなく、諸事物がそれらの間でぶつかり、打ち、衝突するのに子どもが気づくことから生じる。ただ徐々に子どもは彼自身の身体を特別な注意で分離させることを学ぶのであり、身体の能力と様々な種類の技術を学び、彼自身の心的な力と彼の意志の効力の理解に至るのである。（Harré. 60）

このハレの意志作用と因果性の観念の発生の関係把握は、ミショットのそれと同じであり、ピアジェのそれとも親和的である。しかし、ピアジェがメーヌ・ド・ビランの考えに惹かれているように、「因果性」の観念の起原はともかく、「力」の観念が何処から来るかという点では、ビランの見方も否定できないと思われる。

7　因果推論について

我々は、ミショットの因果性の知覚理論を検討した時に、外的な経験において因果性が直接知覚されるケースは、日常生活では少なく、むしろ理性による因果的な推論によって、対象間の因果連関、因果的な必然性を知ると言った。その点を考察してみる。

因果関係に置かれた対象相互の間に必然的結合を否定するヒュームの因果性批判の根幹は、次の主張にある。

> われわれの理性（reason）は、原因と結果の**究極的結合**（*ultimate connexion*）をわれわれに明らかにしてくれないばかりでなく、経験が原因と結果の**恒常的随伴**を教えてくれたのちでさえ、われわれは、われわれの理性によっては、なぜわれわれがその経験を観察された特定の事例を超えて拡張するのかを、納得することができないのである。われわれは、われわれに観察された対象とわれわれの知り得る範囲を超えたところにある対象との間に、類似性があるはずだと、仮定するが、けっしてそれを証明できないのである。（『人間本性論』91-92, 一一三）

原因と結果の結合関係は、理性によっては見いだされず、経験に頼らねばならないが、それだけではなく経験がその結合関係を知らせたあとでも、我々は、観察された事例を超えて、その経験を拡張することを理性は根拠づけることができないこと、これがヒュームの因果的必然性の否定の根拠である。

木曽好能氏は、ミショットの因果的知覚の実験が、玉突きのゲームにおいて運動する球Ａが静止している球Ｂに衝突してＢを打ち飛ばすような場合、「ただ一度の観察において、運動するＡの衝突が

Bの運動を生んだ」という因果作用が知覚されることを明らかにしたが、それは「AがBに衝突するまえに、衝突の結果であるBの運動を知覚することは、もちろんあり得ない。すなわち、個別的因果関係の判断は因果作用の事後の判断である」と押さえたうえで、「次に、「Aの衝突がBの運動を生んだ」というこの知覚に基づいて、「次の機会にも運動するAの衝突は静止しているBの運動を生む」と論理的に推理することができるであろうか」と問い、「そのようなことは、もちろんできない。この問こそ、ヒュームが原因と結果との必然的結合の知覚を否定した際の問であった」（『人間本性論』解説、四九八〜四九九）と述べて、ヒュームの因果的必然性批判の根幹を確認している。

一般に我々は、因果的な出来事について、その原因となる事象と結果となる事象の間に因果的な結合があるとの認知をするのは、理性的な推論によってではなく、あくまで経験によってである。火に近づけば火傷をしたり焼け死んだりし、水に溺れれば死ぬことを、我々は理性的な推論によって知るわけではなく、経験して初めて知ったり、経験知をもつ人から教えられて初めて知る。「酸溶液は、アカミノキ溶液を赤く変色させる」ということは、実際に試してみて初めて知るのであって、理性的な推論によって知るのではない。しかし、我々は、一旦、それらの経験知を知った後では、なぜ火に近づけば火傷をしたり焼け死んだりし、水に溺れれば死んだりするのか、なぜ「酸溶液は、アカミノキ溶液を赤く変色させる」のかの理由を、科学的な探究を含む理性的な推論によって知ることができるのである。そしてその知見を普遍的な認識と考えるのである。

しかしヒュームは、これに対しその普遍的認識を認めない。これまでは火は人に火傷や焼死を引き起こしたが、以後もずっとそうであるとは言えないと言うのである。水に溺れても死なない可能性も明晰に思い描くことができるし、酸溶液はアカミノキ溶液を赤化させない可能性も論理的な矛盾なしに明晰に思い描けると言うのである。

ただヒュームは、理性的な根拠に基づく事実についての普遍的な認識を否定するが、ヒューム流の「普遍的認識」を積極的に主張する。人は火傷を避けるために火に近づかないし、溺死しないために水の中に入っては行かないことを、次のように積極的に主張する。

ここでわれわれの注意に値すると思われることは、原因と結果についてのわれわれのすべての判断の基礎である過去の経験が、けっして気づかれないほど目立たない仕方で精神に働きかけることができ、或る意味ではわれわれにまったく知られないことがあり得る、ということである。歩いていて河に行き当たり行く手を遮られた人は、それ以上進めばどういう結果になるかを予見する。これらの結果の知識は、過去の経験から彼に伝えられるのであり、過去の経験は、原因と結果のそのような特定の随伴を彼に知らせるのである。しかしこのような場合、水が動物の身体にもたらす結果を知るために、彼が過去の経験を省み、見たり聞いたりした事例を記憶に呼び起こす、と考えられるであろうか。そうでないことは確かである。彼が推論を進めるのは、そのような仕方によってではない。水の観念と沈むことの観念、また沈むことの観念と窒息することの観念は、たがいに密接に結合しており、精神は、記憶の助けなしに移行を行う。習慣は、われわれが反省する間もなく働く。対象が不可分に見えるので、われわれは、一瞬の遅れを挟むこともなく、一方の対象から他方の対象へと移行する。しかし、この移行は経験から生じるのであって観念の一次的な（真の）結合（primary connexion）から生じるのではないから、われわれは必然的に、経験は、隠れた働きによって、一度も考えられることなしに、信念、すなわち原因と結果の判断を、生み出すことができるということを、認めなければならない。このことは、精神は「経験されなかった事例は、経験された事例に、必然的に類似しなければならない」という原理を推論によって確信するのである、と主張するためのあらゆる口実を、そのような口実が少しでもまだ残っていたとしての話であるが、すっかり取り除く。なぜなら、われわれはここで、知性または想像力が、過去の経験を反省することなしに、ましてや、過去の経験について原理を形成したり、その原理に基づいて推論したりすることなしに、過去の経験に基づいて推理を行うことができるということを、見出すからである。（『人間本性論』103-104, 一二八～一二九）

ヒュームはここで、歩いていて行く手に河があった場合、人はそのまま進んでいけば溺れて窒息死することを予見し、河を迂回することを選ぶが、それは、過去の経験によって「水の観念」と「沈むという観念」、そして「窒息するという観念」が密接に結合しているので、過去の経験を記憶に思い起こすまでもなく習慣的に危険を瞬時に判断して、河を避けると言うのである。その際、「水の観念」、「沈むという観念」、「窒息するという観念」の観念間の結合関係を理性的に認識して推論するのではないし、また「経験されなかった事例は、経験された事例に、必然的に類似しなければならない」という原理に基づいて推論するのでもないのである。因果的な判断は、あくまで過去の恒常的な随伴の経験による非反省的な習慣によるのである。

ヒュームのこの因果的な判断についての主張は、我々の日常的な経験の実相を述べているものとして確かにその通りであると言えるかもしれない。しかし、なぜ河を避けて進むのかの理由を問われると、我々は、「人が河に入っていけば溺死する可能性がある」ことを理論的に説明することができるのであり、単に過去においてそうであったという恒常的な随伴の事実を指摘するのではないのである。我々は、理性による理論的な理解をしている故に、瞬時に河を避けるのである。理論的な理解の程度に深浅があるとしても、何らかの理由を根拠にして河を避けるのである。

しかしヒュームは、過去の経験を未来の経験に移行させることを理性に基づけることはできず、あくまで非反省的な習慣によると言う。理性は、「経験されなかった事例は、経験された事例に必ず類似し、自然の歩み（the course of nature）は、常に一様（uniformly）に同じであり続ける」（『人間本性論』89, 一一〇～一一一）という「自然の斉一性（uniformity of nature）」の原理に訴えることはできないと言う。なぜなら、「われわれは少なくとも、自然の歩みが変わることを思いうかべることができ、このことは、そのような変化が絶対的に不可能ではないことを、十分証明する。或ることについて明晰な観念をいだくことは、そのことの可能性を示す否定できない議論であり、それだけで、そのことの可能性を否定する論証と称するものの論駁である」（同前）からと言うのである。ヒュームは、自然の歩みが突然別様になることをなんらの不合理性、矛盾もなしに思いうかべることができることから、実際にその存在可能性があることを指摘する。ヒュームは、「精神が明晰に思いうかべる（conceive 考える、思念する）ものは何であれ、可能的存在の観念を含む」（『人間本性論』32, 四七）と見なすからである。

ヒュームがなぜ自然の斉一性を認めないか、その理由は、時間と場所において異なっている因果関係に置かれた類似の事例は、まったく存在論的に別個の本性をもったものであるからである。

類似した原因と結果との随伴について我々がもついくつもの事例は、それら自体としてはたがいにまったく独立であり、私がいま玉突きの二つの玉の衝突から生じるのを見る運動の伝達は、私が十二か月以前にこのような衝突から生じるのを見た運動の伝達と、まったく別個なものであるからである。これらの衝突は、たがいにどんな影響も与えない。それらは、時間と場所によってまったく分けられており、一つの衝突が存在して運動を伝達しながら、他の衝突がまったく存在しないことも、あり得たのである。(『人間本性論』164, 一九四)

明らかに、このヒュームの立場では、自然法則は成り立たず、したがって自然科学は成り立たないことになる。木曽氏は、ヒュームが「異なる対象は、すべて区別でき、区別できる対象は、すべて思惟と想像の能力によって分離できる」(同前、18, 三〇)という分離の原理から、その逆命題である、思惟と想像の能力によって「分離できる対象は、またすべて区別でき、区別できる対象は、またすべて異なる」(同前)という存在についての形而上学的原子論に陥った点を指摘し、そこにヒュームの理論的破綻の原因を見ている。

ヒュームの理論的破綻は、「異なる存在者はたがいに論理的に独立である」という分離の原理を、

「論理的に独立な存在者は、実在的に（真に）独立である」という帰結をもつものと考えたことに起因する。ひとたびこの帰結を認めれば、想像力による諸知覚の観念連合を用いて対象の間の「事実的結合」についての日常的信念を説明しようといかに努めても、諸知覚の間の観念連合自体が「知的に理解できない」ものとなるのである。論理的に独立な存在者の間の区別は、デカルトにおいて心身の実在的区別の根拠とされたように、西洋近世の多くの古典的哲学者たちにおいても、実在的な独立性の目印とされた。しかし、論理的独立性は、実在的独立性（「実在的区別」）を含意しない。言い換えれば、実在的な結合は、論理的に必然的な結合を含むが、それよりはるかに広いのである。それゆえ、ヒュームの理論的破綻は、西洋近世の多くの古典的哲学者たちの理論的破綻を象徴するものであった。（『人間本性論』解説、三八二）

ヒュームは、因果的な結合が、類似した原因とされる対象と類似した結果とされる対象との反復、恒常的随伴から生じる心的な習慣に基づくと言うが、ヒュームが立つ形而上学的原子論の立場では、類似した因果関係の事例によるこの心的な習慣自体が理解不可能になると木曽氏は言うのである。類似した事例であってもすべて異なった存在であるということになれば、そもそもいかなる結合もあり得なくなるからである。「私がいま玉突きの二つの玉の衝突から生じるのを見る運動の伝達は、私が十二か月以前にこのような衝突から生じるのを見た運動の伝達と、まったく別個なものである」ということは確かにその通りであるが、「運動の伝達」の仕方は「同一」であることを排除しないのである。実在的な結合は、論理的結合よりも広いのであり、論理的必然性ではない実在的必然性は存在するのであり、ここに因果的必然性が位置するのである。

我々は先に、「ヒュームの因果的必然性に関する主張の中心は、類似した原因とされる対象と類似した結果とされる対象とが常に反復され、恒常的に随伴することから因果的な必然性についての心的な規定性、強制性が生じ、これこそが因果的な必然性であるというのであるが、問題は、そもそもなぜ類似した対象が反復、恒常的随伴されるのであるか、この世界はなぜ類似した原因とされる事象が類似した結果とされる事象に類似した関係を反復するようになっているのかということである」（本書九二頁）と述べた。そしてこの問いは、世界の絶対的な偶然性を唱えながらその安定性を認めるメイヤスーにおいても同様に問われるべきであると述べた。両者は、必然性について論理的必然性しか認めず、因果的必然性を含む実在的必然性を認めない。しかし、実在的な因果的必然性はあるのである。

8　因果的必然性について

我々は先に（本書六六頁）、メイヤスーのように物自体を知覚的な所与に限定するのではなく、ハーマンのように物質的な厚みを認めることによって、我々は、時間のある瞬間における事物間の必然的な結合、作用だけではなく、時間のある瞬間と次の瞬間との間の結合についても因果的な関係を想定可能であると考えると指摘した。この点について考えたい。

世界のなかの個々の事物・事象は、互いに力を及ぼし合っている。世界の諸現象は、世界の諸事物相互の因果的な作用のもとに出現している。しかしヒュームは、そしてメイヤスーもそのことを認めない。

ヒュームは、「存在し始めるものは何であれ、存在の原因をもたねばならない」ということ、「すべての出来事には原因がある」といういわゆる「因果律（principle of causality）」を、次のように否定する。

われわれには、すべての新たな存在、または存在のすべての新たな変様、に対する原因の必然性（必要性）を論証することは、同時に、何らかの産出原理（原因）なしに何かが存在し始めることが不可能であることを示さずには、できない。後の命題が証明できない場合には、われわれは、先の命題を証明する可能性を、断念しなければならない。ところで、後の命題の論証的証明がまったくできないということは、以下のことを考察することによって納得できる。すなわち、すべての別個な観念はたがいに分離でき、原因と結果の観念は明らかに別個なものであるから、われわれが、〔結果に相当する〕或る対象をこの瞬間には存在せず次の瞬間には存在する（存在し始める）と思念し、その際その対象に、〔その対象の観念とは〕別個な、原因すなわち産出原理の観念を、〔その対象の原因の観念として〕結びつけないということが、容易にできるであろう。それゆえ、原因の観念を存在の始まりの観念から分離する（或る存在の始まりが原因なしに生じることを思い浮かべる）ことは、想像力にとって可能であることが、明白である。したがって、これらの対象（存在の始まりと原因）の実際の分離（存在の始まりが原因なしに生じること）も、それが矛盾も不合理も含まない（想像力によって思いうかべることができる）のである限り、可能であり、それゆえ、単なる観念からの推論によっては、論駁できない。そしてそのことが単なる観念からの推論によって論駁されることがなければ、〔存在の始まりに対する〕原因の必然性（必要性）を論証することは、不可能であるのである。（『人間本性論』79-80、一〇〇）

ここでもヒュームは、事物は原因なしに生じることができるということを考えてもなんらの論理的矛盾もないということを論拠に、因果律を否定する。論理的に矛盾なく因果律を否定できるということから、その否定を正当化するのであるが、木曽氏の批判にもあったように、「論理的独立性は、実在的独立性（「実在的区別」）を含意しない」のであり、論理的矛盾がないことを根拠に事物が原因なしに生じることができるとは言えないのである。因果律は、論理的必然性はなくても実在的必然性をもつ可能性はあるのである。

カントはこの因果律の必然性、世界の諸事物・諸現象の因果的なあり方を、認識主観のアプリオリな総合的な悟性判断の形式として正当化したが、我々は、それが外的な世界のあり方そのものであり、それ故にまた我々は世界を因果的に必然的な存在と見なすのだと考える。

世界の諸事物は、互いに因果的に作用をおよぼし合っている。しかし我々は、その因果的な世界を決定論的な世界とは見ない。決定論の典型的な考えは、いわゆる「ラプラスの魔」に見られるが、ラプラスは、『確率の哲学的試論』において次のように決定論的な世界を夢想した。

われわれは、宇宙の現在の状態はそれに先立つ状態の結果であり、それ以後の状態の原因であると考えなければならない。ある知性が、与えられた時点において、自然を動かしているすべての力と自然を構成しているすべての存在物の各々の状況を知っているとし、さらにこれらの与えられた情報を分析する能力をもっているとしたならば、この知性は、同一の方程式のもとに宇宙のなかの最も大きな物体の運動も、また最も軽い原子の運動をも包摂せしめるであろう。この知性にとって不確かなものは何一つないであろうし、その目には未来も過去と同様に現存することであろう。人間の精神は、天文学に与えることができた完全さのうちに、この知性のささやかな素描を提示している。(13)

ラプラスは、ニュートン力学の法則によって天体現象を予測することが可能になった成功事例を、世界を構成する全原子の運動現象に拡張することによって、未来の世界の全現象を予測することができる可能性を指摘したが、しかし天体現象が、外部の干渉が入りにくい相対的に孤立した系で生じるのに対し、気象現象をはじめとする世界の多くの現象は、様々な要素が複雑に絡み合う複雑系（complex systems）を形成しており、ある時点の構成要素の状態を知ることによって未来のすべての世界を予測することができることは全くありえない。もっとも、我々は、世界のある時点の状態は、それに先立つ状態の結果であるとともに、それに後続する状態の原因であるということは認めなければならないと考える。その点で、世界の事象は時間的な連続性において因果的な関係にあるが、世界は閉じた世界ではなく様々な外的要素の干渉、介入に対して開かれており、したがって決定論的なあり方ではなく、偶然の要素が入る複雑系をなしているのである。

世界の諸事物が互いに因果的に作用をおよぼし合っていることは、単にニュートン力学的な運動法則に基づいてだけではなく、現代物理学の到達点からも納得できる。一九世紀のファラデー、マクスウェルによる電磁力についての場（field）の理論以来、物質粒子は互いに電磁的に相互作用をおよぼし合っていることが明らかになっており、重力についても古典的な遠隔作用によってではなく重力場における相互作用と見なされている。[14] よく知られているように自然界にはこの他に、強い相互作用と弱い相互作用があって、これら四つの相互作用の統一理論が探究されているところである。

このように世界の諸事物は互いに因果的に作用をおよぼし合っているのであり、それが量子力学の不確定性関係による確率論的なものであっても、因果的な関係にあることは否定できないのである。

注

（1）David Hume, *A Treatise of Human Nature*, edited by L. A. Selby-Bigge, Oxford at the Clarendon Press, Reprinted, 1967, pp.73-78, pp.155-172　デイヴィッド・ヒューム『人間本性論』第一巻「知性について」木曾好能訳、法政大学出版局、一九九五年、九三～九九頁、一八三～二〇三頁。但し、本節では、該当箇所の逐一の正確な引用ではなく、要約的に記している。なお、本書からの引用は、本文中に『人間本性論』に添えて原著をアラビア数字で、翻訳を漢数字で記す。

（2）Mario Bunge, *Causality : The Place of the Causal Principle in Modern Science*, Harvard University Press, 1959　マリオ・ブンゲ『因果性——因果原理の近代科学における位置』黒崎宏訳、岩波書店、一九七二年、二四頁。なお、本書からの引用は、本文中にブンゲに添えて漢数字で記す。

(3) R. Harré and E. H. Madden, *Causal Powers, A Theory of Natural Necessity*, Basil Blackwell, Oxford, 1975, p.27　以下本書からの引用は、本文中にHarréに添えてアラビア数字で記す。

(4) John Locke, *An Essay Concerning Human Understanding*, Edited with an Introduction by John W. Yolton, Everyman's Library, 1967　ジョン・ロック『人間知性論』大槻春彦訳、岩波文庫、一九七二年、第二巻第八章第二三節、第一分冊、一九七頁。以下、本書からの引用の訳文は変えている場合もある。

(5) Michotte, A. E., *La perception de la causalité*, Publications Universitaires de Louvain, 1946. Translation by Miles, T.R., & Miles, E., *The perception of causality*. New York: Basic Books, 1963　以下英訳本からの引用は、本文中にMichotteに添えてアラビア数字で記す。

(6) この「打ち飛ばし効果」、「引き連れ効果」の訳語は、木曽好能氏によるデイヴィッド・ヒューム『人間本性論　第一巻「知性について」』所収の「解説」四九七頁による。なお、以後の同「解説」からの引用は、本文中に『人間本性論』解説に漢数字を記す。

(7) R. Harré and E.H.Madden, *op.cit.*, p.61

(8) ジョン・ロック、前掲書、一二九頁。

(9) 同前、一三〇頁。

(10) David Hume, *Enquiries Concerning the Human Understanding and Concerning the Principles of Morals*, edited by L. A. Selby-Bigge, Oxford at Clarendon Press, 1966, p.67　デイヴィッド・ヒューム『人間知性研究』斎藤繁雄・一ノ瀬正樹訳、法政大学出版局、二〇〇四年、一五八頁。

(11) Maine de Biran, *Œuvres Complètes*, TomeX-2, *Dernière Philosophie, Existence et Anthropologie, Nouveaux essais d'anthropologie*, éd. par Bernard Baertsci, 1989, p.201　メーヌ・ド・ビラン『人間学新論――内的人間の科学について』増永洋三訳、晃洋書房、二〇〇一年、一九八頁、但し、本書訳文には「継起の全ての

観念と同様に」が欠落している。なお本書からの引用は、本文中にBiranに添えて原著はアラビア数字で、翻訳は漢数字で記す。

（12）Jean Piaget, *The Child's Conception of Physical Causality*, London Routledge & Kegan Paul LTD, 1966, p.126. なお、本書からの引用は、本文中にPiajetに添えてアラビア数字で記す。

（13）ラプラス『確率の哲学的試論』内井惣七訳、岩波書店、一九九七年、一〇頁。

（14）現代物理学の現状については、田中正『物理学的世界像の発展――今日の科学批判によせて』（岩波書店、一九八八年）と、ナンシー・フォーブス、ベイジル・メイホン『物理学を変えた二人の男――ファラデー、マクスウェル、場の発見』米沢富美子・米沢恵美訳（岩波書店、二〇一六年）を参照した。

第5章

ロイ・バスカーの超越論的実在論

二一世紀になって新しい実在論の動きがヨーロッパで活発化してきた点について、我々は、カンタン・メイヤスーの相関主義批判に代表させて見てきたが、ロイ・バスカーは、一九七五年に発表した『科学と実在論』[1]において、すでにメイヤスーと重なる実在論を展開しており、しかも因果性や自然法則の必然性については、メイヤスーがヒュームの批判を全面的に認めてそれらの必然性を否定してラディカルな絶対的偶然性を主張するのに対し、バスカーはヒュームに連なる経験主義的科学論を批判して、彼の言う超越論的実在論の立場から因果性や科学法則の必然性を主張していた。実在論という点では、メイヤスーよりもバスカーの方が、一貫していると言えるのである。そこで我々は、メイヤスーの思弁的唯物論と対照させて、バスカーの超越論的実在論を見ておきたい。

1　バスカーの超越論的な問い

メイヤスーの思弁的唯物論のなかで我々が最も重要であると考えるのは、バークリ、カント以来の相関主義（corrélationisme）に対する批判である。相関主義とは、主観と客観のそれぞれを、両者の関係から切り離して考察することができないという立場であり、主観との関係から切り離された客観それ自体を決して把握することはできないし、逆に客観から切り離された主観も決して把握することはできないという立場である。つまり我々は、物自体、即自存在を決して認識することはできず、意識や言語の枠組みから出ることができないということである。

メイヤスーはこの相関主義の循環の輪から出て、「大いなる外」、「絶対的な外」に至りうるとの思弁的唯物論を展開したが、その思弁的唯物論は、相関主義を否定するのではなく、それを認めた上で、科学が明らかにした人間存在の開始以前の存在、意識とは独立の祖先以前的な世界、そして科学が解明する実在的世界そのものの存在を認めようとするのである。

メイヤスーの『有限性の後で』における論理展開は、宇宙や地球の誕生、生命の誕生など科学が明らかにした祖先以前的な事実の存在、コペルニクスに始まる近代科学が明らかにした脱人間中心主義的な科学的真理を認めた上で、そのような科学の真理が保証される哲学はどのような哲学でなければならないかを近現代哲学批判という仕方で展開したと見ることができる。その場合に、メイヤスーは、相関主義を否定するのではなく、最も強い相関主義の唱える相関の事実性（偶然性）、世界の諸事物の偶然性を絶対化（思惟に相関しないと）することによって展開しようとした。

これはある意味で、カントの超越論的観念論と同一の探究方法をとっていると言える。カントは、ニュートン力学に代表される科学の存在を認めた上で、その科学の存在可能性を問うたのであり、その回答が超越論的観念論という彼の哲学的立場であった。つまり「純粋自然科学はどうして可能であるか」という超越論的問い（「対象に関する認識ではなくむしろ我々が一般に対象を認識する仕方――それがア・プリオリに可能である限り――に関する一切の認識を超越論的と名づける」[2]というカントの意味においての問い）を発した上で、その回答を主観に備わるア・プリオリな純粋悟性概念に基づくという超越論的観念論に求めたのである。しかしカントのこの超越論的観念論は、「もの自体」の認識ではなく経験の可能性の条件を問う点でまさに現象の世界に関わる経験的実在論の立場であり、相関主義の立場、人間中心主義の立場であり、人間から独立の世界の存在を探究する科学の立場ではなかったのである。

ロイ・バスカーの超越論的実在論（transcendental realism）の言う「超越論的」という意味もまた、科学の存在を前提にし、その認識の可能性を問うことによって自らの哲学的立場を展開しようとするものである。しかしこの場合は、カントとは対極の実在論の立場からの展開である。バスカーの超越論的な問いとは、「科学が可能であるためには、世界はどのようなものでなければならないか」（23、一九）というものであって、この設問に対する答えは、一つの存在論をもたらすことになると言う。科学が可能であるためには、世界はどのような世界でなければならないか、すなわち世界はどのようなあり方をしているのかという新しい存在論を提起しなければならないのである。

バスカーの超越論的な問いは、上の問いとともに、もう一つある。「科学が可能であるためには、社会はどのようなものでなければならないか」（57、六三〜六四）という問いである。この問いに対してバスカーは、『科学と実在論』後半の第三章において「科学の可能性の条件の探究から、いくつかの社会学的なカテゴリーの超越論的演繹（transcendental deduction）を試みるつもりである」（同前）

と言うが、同章第四節でこの問いを改めて問いながら、明確な回答をそこでは行っていない。ただ、科学的な知識が社会的な生産物であるということ、したがって科学が発展するためには、それを担う人間が輩出する社会的条件が必要であるということのようである。

バスカーは、この科学の可能性の超越論的な二つの条件という視点に立って、科学的知識には二つの側面・次元があると言う。一つは科学的知識が先行する社会的活動によって生み出された知識を手がかりにしてそれを加工して生み出される社会的生産物であるということ、「知識は、自動車、椅子、本などと同様に、その生産とそれを生産する人間から切り離し得ず、それ自身の職人、技術者、広報係、規格、技術をもち、変化にさらされる社会的産物であり、他の産物と同様に変化を被る」(21, 一五)ものであるという側面であり、バスカーはこの側面を科学の「他動的次元(transitive dimension)」(17, 八)と呼ぶ。「他動的」とは、人間の手が入っているという意味である。科学的知識は人間によって造り出されたものであり、それに先行する知識に依存してそれを造りかえることによって産みだされるのである。この他動的次元は、科学的知識の歴史的な発展の事実を述べたものである。

もう一つの側面は、科学的知識の対象が人間の認識活動から独立して存在しているということである。「(科学的)知識は、水銀の比重、電気分解過程、光の伝播メカニズムなど人間によってはまったく生み出されない事物に「ついて」のものである。知識のこれらの諸対象のいかなるものも、人間の活動に依存しない。もし人間が存在しなくなれば、それを知るいかなる者も存在しないにもかかわらず音は厳密に同じように伝播し続け、重い物体は地上に落ちる」(21, 一五)のであり、バスカーは、この側面を科学の「自動的次元（intransitive dimension）」（17, 八）と呼ぶ。科学の対象は、人間から独立の実在的世界なのである。

バスカーが科学的知識のこれら二つの側面、次元を強調するのは、『科学と実在論』が書かれた当時の主流をなしていた実証主義的な科学理論に対する二つの批判的潮流を統合しようとする意図が背景にある。その潮流とは、（１）クーン、ポパー、ラカトシュ、ファイヤアーベント、トゥールミン、ポランニ、ラヴェッツなどの科学の社会的性格を強調し、科学の変化や発展の現象に特に焦点を合わせた潮流と、（２）スクリヴェン、ハンソン、ヘッセ、ハレなどに代表される科学の階層性（stratification）に注意を呼びかける潮流であって、バスカーは、これら「二つの潮流の統合を果たそう」（9, xiii）としたのである。

バスカーは、「他動的な対象無しの、すなわち科学的あるいは前科学的な先行者無しの科学を想定することはできない……知識は、知識に似た先行者に依存する。ハーヴェイは、血液循環を水圧モデルによって考えた」（22, 一八）と言うが、自動的対象を持たない科学もまたありえないと言う。科学が可能であるためには、科学の対象は自動的な対象であること、人間の経験や意識から独立して存在する実在的世界の存在が前提されなければならないということである。

２　人間の存在しない世界

人間の経験や意識から独立して存在する実在的世界の存在は、いかにして証明されるのか、これがデカルト『省察』の課題であったように、メイヤスーの相関主義批判の課題でもあった。これに対して、バスカーは、その存在は科学の存在可能性の条件として前提されると言うのであるが、前提されるだけではその存在が証明されたわけではない。デカルトであれば、『省察』全体の思考過程を経て最終の「第六省察」において初めて外的な物体的世界の存在の証明に行きついたし、メイヤスーにおいても『有限性の後で』全体を要して漸くその存在の証明に到り着けたかどうかというところであったのに対し、バスカーは、科学の対象が自動的であるとその存在を認める。それは、ある意味で「独断的」に認めるということになる。バスカーは、意識から独立の実在的な世界の存在の論証をしていないからである。

しかし、バスカーもこの問題を不問に付しているわけではなく、『科学と実在論』第一章第五節でこの人間から独立の世界の存在を想定することに対する反論に答える形で、この問題に軽くではあるが触れている。それは、「人間の存在しない世界という考えそのものが理解不可能である。なぜならその考えが真であるような状況は、その考えが抱かれることを不可能にしているからである」(47.五〇)という反論である。つまり「人間の存在していない世界」においては、そもそものような「想定」そのものが存在することはありえないという反論である。

これに対してバスカーは、「私は人間の存在しない世界を考えることができるし、私自身の存在しない世界を考えることができる」と答える。「誰も「私は存在しない」ということを偽りなく言うことはできないが、そのことは「私が存在しない」ということが理解不可能であるということを意味しないし、それが偽りなく言われることができないからという理由で、意味を持ちえないということを意味しない」(47, 五一)と言って、このことは反事実的言明の場合も同じであって、ある言明が事実に反するからという理由でそれが理解不可能であるということを意味しないのと同様であると答える。「ある言明が反事実的であると我々が言いうるのは、それが理解可能であるからこそである」(同前)と言うのである。

また、「人間の存在しない世界について考えることは、理解不可能(unintelligible)というよりも不可能(impossible)である」(同前)という反論、つまり「思考には必ずその思考を思考している当の人物の思考が含まれねばならない」ので、そのような思考は不可能であるという反論があるかもしれないが、そのような反論は成り立たないとバスカーは批判する。バスカーのこの反論に対する批判は、少し単純であり、筋違いであるように見える。思考には思考をしている内容とともに、そのことを思考していることの自覚も含まれている場合もあるが、自覚のない思考もあると言うのである。「Aがεについて思考し、しかもεについて思考していることを思考することなく、εについて考えていることを意識することは可能である」(48, 五一～五二)し、また反対に、「Aが、自らのεについての思考について思考することなく、εについて思考することについて思考することは可能である」(同前)からと言うのである。両者は少し紛らわしいが、バスカーの注釈によると分かりやすいであろう。

人間には自分自身を意識する力が備わっているが、それには二つの意味がある。第一に、自分が何をしているかを意識することができる。第二に、そのことをしているという意識をもつことができる。この二つはもちろん同じではない。実際、何をしたかはわかっていても、そのことをしたという自覚をまったくもたない場合もあるし、逆に何かをしたという自覚はあるが、何をしたかはまったくわからない場合もある。(48, 三二九)

しかし、バスカーのこの批判は、思考の心理学的な事実を述べているだけで、反論のもつ哲学的な意味を汲んだものではないように思える。反論の趣旨は、まさにメイヤスーが立ち向かった相関主義の問題、相関の循環をいかに突破するかという問題だからである。「人間の存在しない世界」は、相関主義の立場では、それもまた人間によって考えられた世界でしかないのであり、人間の存在なしに「人間の存在しない世界」はありえないのである。

しかしバスカーは、このような相関主義的な見方が、人間中心主義に囚われた描像であって、人間の存在しない世界は、「決して不条理な妄想などではなく、科学という認識活動によって推定される一つの可能世界であり、この事実をはっきり確認しておくことはきわめて重要である」(48, 五二)と主張する。

ところで、この「人間の存在しない世界」は、メイヤスーのいう祖先以前的な世界、人間がまだ存在しない世界と、人間の消滅後の世界という意味であるが、それだけではなくバスカーが言う自動的対象、人間の意識から独立した外的な実在的世界を意味している。バスカーはこの人間の経験、意識から独立した外的な実在的世界の存在を認めるが、その世界を直接知ることができるとは考えていない。あくまで科学による理論構築によってそれを認識することができると言うのである。この点に関係して、「真理の対応説」についてのバスカーの特異な考えを見ておきたい。

3　思考と対象との関係：実在的世界の三領域

バスカーは、真理の対応説（correspondence theory of truth）が真理を「命題が真であるのは、その命題があらわす（記述する）状態が実在的である場合、かつその場合のみである」（249, 三二五）と説明する点について、「命題と状態は決して比較されることはできず、それらの関係は、対応の関係として記述されることはできない。哲学者たちは長い間、真理論が認識の基準を定め、認識に証印を与えてくれるに違いないと、強く期待してきた。しかし、そのような証印はどこにもない。なぜなら、命題の真偽判断は必然的にその命題が関係する科学に内在的（intrinsic）なものであるからである。まず世界を見、次に文を見て、しかる後にそれらが合致しているかどうかを確認する。そのようなうまいやり方などありはしない。あるのはただ単に語り（もしくは思考）の中の（この世についての）表現だけである」（同前）と言って、思考と対象との独立性を強調する。実在論を採り、その認識可能性を認めるならば、真理の対応説を採るというのが通例であるが、バスカーは、命題の真偽判断は、その命題が関係する科学に内在的であって、思考と対象との外的な突き合わせではないと言うのである。それでは、思考と対象とはどのように関係するのであろうか。

バスカーは、この関係を次のように説明する。

科学は一つの活動であり、思考を通じて展開される一個の自然史的過程である。つまり科学は、思考とは独立に存在する事物の本性や組成や作用様式を思考の内に表現せんとする営みなのである。思考には思考なりの実在性があるが、それと思考の対象に備わった実在性とを混同したり同一視したりしてはならない。認識は対象がなくとも変化するし、対象物は認識がなくとも変化する。対象と思考との間には対応（correspondence）も一致（conformity）も相似（similarity）も存在しない。思考が何かに似ているとすれば、それは他の思考に似ているだけのことであり、（思考を含む）対象が何かに似るというのは、それが他の事物に似るということに過ぎない。事物は我々がそれをどう記述するかとはまったく無関係に存立・作用している。反面、我々は特定の記述を通じてしか事物を認識することはできない。記述は人間の織りなす社会という世界に属しているのに対して、対象は自然という世界に帰属する。そうして我々は（我々が理解した）自然を思考の中に表現するのである。（249-250, 三二五～三二六）

外的世界、対象は、人間の思考や記述とは独立に存在しているが、その思考、記述を通してしか外的世界を認識することはできないと言うのである。バスカーは、「科学は思考とは無関係に存立・作用する事物の構造と作用様式を思考の内に表現しようとする体系的な企てである」（同前）と言うのである。しかし、「外的事物の構造を思考の内に表現する」というこのバスカーが、真理の対応説を認めず、科学的な命題の真偽判断がその命題が関係する科学に内在的（intrinsic）なものであると言うのは、整合的な立論とは言えないのではないかと思われる。

バスカーは、もともと『科学と実在論』冒頭の「まえがき」で、同書の目的が、「科学を僭称する実証主義（positivism）に取って代わる新たな見方を提案する」（8, xi）ことであり、「科学について実在論の観点から体系的な説明を与えることである」（同）と語っていた。そしてその実在論的な科学哲学の基本原理は、至ってシンプルであって、「知覚は我々に事物への接近を与えてくれ、実験活動は構造への接近を与えてくれ、これら事物と構造は我々から独立に存在している」（9, xiv）ということであった。したがって、バスカーは至ってシンプルに、人間は知覚によって事物を捉え、実験によって直接知覚できない実在世界の構造を知ることができると考えているのである。その意味では、真理については科学的な記述に内在的な整合説（coherence theory of truth）ではなく、対応説を採っているのではないかと思われる。確かに、科学の場合は、その対象に直接接近することが出来ないので、単純に思考と対象との対応を確認することは出来ず、常に仮説の形で理論展開し、それを何らかの形で「経験的なテスト」（166, 二一一）によって検証することになるが、それには対応説が前提されているのではないかと思われる。

この実在的世界の新しい存在論をバスカーは、図のように三領域（Domain）において考える。（1）経験（Empirical）の領域（De）、（2）現実（Actual）の領域（Da）、（3）実在（Real）の領域（Dr）である。この三つの領域にそれぞれ、（1）De には諸経験（Experiences）が、（2）Da には諸事象（出来事）（Events）が、そして（3）Dr には諸メカニズム（Mechanisms）が属するが、それだけではなく、（3）Dr には諸事象や諸経験の一部も含まれるし、（2）Da には、諸経験の一部も含まれる。

バスカーは、経験と事象はカテゴリー的に区別され、経験は個々人の知覚経験であるのに対し、事象は現象の次元での客観的な出来事であると言う。「事象はカテゴリー的に経験から独立している。

	実在の領域(Dr)	現実の領域(Da)	経験の領域(De)
諸メカニズム	レ		
諸事象(出来事)	レ	レ	
諸経験	レ	レ	レ

経験とは無関係に事象によって成り立つ世界というものを想定することができる。そうした事象は、知覚されない現実性（*actualities*）を、あるいは人間が存在しないのであれば、知覚されえない現実性を構成する」（32, 三一）のである。科学研究を行う場合、さまざまな観察をすることになるが、その観察対象を正確に観察できる眼をもつためには、熟練した眼を養うことが求められる。事象は、言わば「経験の確定的な対象として見なされたもの」（64, 七三）であり、この場合には経験は現実的なものの領域（Da）にも属するのである。

バスカーは、この三領域の関係について、彼の超越論的実在論では、Dr ≧ Da ≧ De の関係が成り立つが、経験的実在論では、カントも含めて、上記の三領域を区別しないので、Dr = Da = De となると言う。超越論的実在論においてDr = Da = De が成立するのは、外的作用の攪乱から人為的に遮蔽された閉じた環境で行われる熟達した科学実験や、自然界での天体現象の観測においてであるが、それ以外の状況では三領域は区別されるのである。ヒューム以来の実証主義やカントの経験的実在論では、三領域は同一化されているが、それをバスカーは、「認識論的誤謬（epistemic fallacy）」に基づくと批判する。認識論的誤謬とは、「存在に関する命題は、知識に関する命題に還元されることができ、それによって分析されることが可能であるということ、すなわち存在論的問題は、常に認識論的な術語に置き換えられることができる」（36, 三七）という見方である。このことによってヒュームやカントは、存在論を解体し、それを不問に付したのである。そしてこの立場をバスカーは、人間の経験を中心にして世界を見ているとして、人間中心主義（anthropomorphism, anthropocentricity）であると批判する。この点は、メイヤスーの相関主義批判と重なっている。

バスカーの超越論的実在論の実在論たる所以は、人間の経験とは独立のメカニズムの存在を実在的世界に認めた点である。メカニズムとは、現象を成り立たせている実在の構造のことであり、人間が存在しようと存在しなかろうと存在し作用し続けている「生成メカニズム（generative mechanisms）」である。この生成メカニズムとは、自然の実在的な構造のことであり、自然法則のことである。したがってバスカーは、これらの三つの領域を区別する必要があると言う。自然法則は、ヒュームやカントの言うような経験の領域や現実の領域には属さず、経験や事象の規則性やパターンに関する言明ではなくて、実在の領域に属し実在的な構造に関する言明であると言うのである。そこで我々は、『科学と実在論』の中心的な主題である、因果的な自然法則についてのヒュームや規則説の所論に対するバスカーの批判とその実在論的な見方を見ていくことにする。

4　因果法則の実在論

ヒュームは、因果性の観念を事象の間の関係、原因とされる事象の結果とされる事象に対する先行と隣接、そして必然的結合の三つの関係として分析し、その三つの関係の内で因果関係の最も重要な関係である必然的結合の関係の起源をさらに探究して、因果的必然性を類似した事象間の恒常的随伴の経験によって得られる心的な傾向性、規定性であるとした。したがってこのヒュームの因果関係が成り立つのは、バスカーの言う経験や現実の領域においてであるということになる。この点は、カントにおいても同様であって、『純粋理性批判』における「自然の原因性（Kausalität）は、感覚界において或る状態が規則に従って、それよりも前の状態に続いて起きる場合におけるこれら二つの状態の結合である」[3]の規定や、『プロレゴーメナ』における「原因（Ursache）の概念は、けっして物に属する制約を示すのではなく、ただ経験に属する制約、すなわち、経験は、先行するものが継続するものと仮言的判断の規則にしたがって結合されうるかぎり、現象とその時間継続の客観的＝妥当的な認識でありうる、ということを示すだけである」[4]という規定に見られるように、因果性は、現象の継起の規則であって、バスカーの言う経験の領域にとどまり、実在の領域に属するものではないのである。

これに対しバスカーは、因果法則が経験や事象の規則的な継起を記述したものではなく、実在の構造やメカニズムに関する言明であると主張する。ヒュームは、因果性を事象間の恒常的随伴に還元したが、バスカーは、諸事象の恒常的随伴は、因果法則にとって「必要条件でも十分条件でもない」（9-10, xiv）と批判する。バスカーは、恒常的随伴が因果関係の十分条件ではないという点についてはしばしば指摘されてきた（例えば、マリオ・ブンゲによる批判のように）が、必要条件ですらないと言うのである。なぜなら、事象間の恒常的随伴がなくても、因果法則は働いているからである。事象間の恒常的随伴が見られるのは、孤立系と見られる天文学の分野や、閉鎖システムとして実験的に制御された条件下においてのみであって、通常の自然界においては、様々な外的なファクターが介在し、規則的な恒常的随伴が起こることはないが、だからといって因果法則が働いていないとは言えないからである。例えば、「慣性の法則」にしてからが、現実の自然界では空気抵抗や摩擦抵抗（これらの抗力自身を支配する法則がある）などが介在してきて、正確には成り立たないのであるが、だからといってこの法則を認めないということにはならないからである。

バスカーは、因果法則は、経験や事象に関する法則ではなく、実在の法則、実在の構造やメカニズムに関する法則であって、その法則は実際に経験的な現象として現れることがなくても、常に働いているのである。その点で、バスカーは、「因果法則は単に諸力（powers）として分析されることはできず、因果法則はむしろ傾向（tendencies）として分析されねばならない。というのも、諸力は実際に作用することも作用しないこともある潜勢力（potentialities）を意味するのに対して、傾向はいかなる特定の効果を伴って現れることなく実際に「作用する」潜勢力（potentialities）を意味するからである。従って傾向という概念は因果法則の分析に相応しい」（50, 五四～五五）と言う。傾向とは、「発動（exercised）されているが発現（unrealized）していない力であり、規範的（normically）と性格づけられる力」（229, 二九六）なのである。バスカーは、この点を次のように総括している。

因果法則の実在的な基礎は、自然の生成メカニズムによってもたらされる。そのような生成メカニズムは、事物の働きの仕方以外の何ものでもない。そして因果法則は、事物の傾向（tendencies）として分析されねばならない。傾向とは、いかなる特定の結果にも表れることなく働くことができる事物の力能、傾向性（liabilities）である。我々がここで関わっている条件文の種類は、規範的（normic）と性格づけられることができる。それらは反事実的言明ではなく超事実的言明（transfactual）である。規範的普遍言明は、正しく理解されるならば、それらの経験的根拠を構成する実験室（そしておそらくいくつかの他の現実に閉鎖された状況）で事実的な例証をもつ超事実的あるいは規範的言明である。それらは事象の不変的なパターンや規則的に繰り返される系列のなかに現れる必要もないし、一般に現れない。

法則についてのヒュームの概念の弱点は、それが法則を閉鎖されたシステム、すなわち事象の恒常的随伴が生じるシステムに結びつけていることである。……一旦、我々がオープンシステムを認めると、諸法則は、ただそれらが非経験的（超事実的（trans-factual））な仕方で、すなわち事象の何らかの特定の系列やパターンから独立した生成メカニズムと構造の活動を示すものとして解釈される場合にのみ、普遍的であることができる。しかし、我々が一旦このことを行うと、自然必然性の概念、人間や人間の活動からまったく独立した自然における必然性の概念に対する存在論的な基礎が存在する。（14, 三〜四）

ヒュームのように閉鎖システムで因果法則を捉えるのではなく、開かれたシステムで捉えれば、そこでは「相殺要因」や「反作用因」も働くため、傾向としての因果法則は実現されるとは限らないが、自然の実在的な構造、生成メカニズムとして働くことを止めないのである。それでは、この構造、生成メカニズムとしての実在的な世界と経験で捉えられた現象的な世界との関係は、どのような関係になっているのであろうか。

5　実在の領域と経験・現実の領域との関係

科学的な諸法則は、経験や事象の世界を記述しているのではなく、構造や生成メカニズムとしての実在の世界を記述している。エネルギー保存の法則や質量保存の法則など「物理法則や化学法則は、目に見える経験や現実の領域とは違って、深層構造（deep structure）のレベルを記述している」（110, 一三七）のであり、「世界の内的な仕組みに対して条件設定をしているのである」（同前）。

科学法則は、経験的な現実の世界が成立する条件を定めているのであって、それを越えて具体的な個々の現実の世界の進行の形態を指定することはできない。それは例えばチェスのゲームのルールのようなもので、ルールを知っているからと言って、個々の具体的なチェスのゲームがどのような進行を辿るかはまったく予測できないのである。チェスのプレイヤーは様々な戦略と戦術を駆使し、ルールに従って先を読みながらゲームを展開するが、チェスのルールを知っていれば、常に勝利することが出来るということにはまったくならないのは当然である。これと同様に、経験の領域や現実の領域においてどのような現象が生じるかは、実在の領域における法則を知っていても予測することは出来ないのである。自然法則は、「リスの行動経路を特定したり、スズメが舞い降りる垂木や牧師が軽食にとるパンの数を予測したりするためのものでもない。確かにこうした事象についても自然法則はそれなりのやり方で説明を与えることができるが、それは、法則がそうした事象を記述したものであると解釈されないという条件においてでしかない」（118, 一四八）のである。

バスカーは、物理的還元主義をとらない。経験的な世界、現実の世界の底に法則の支配する深層構造があることを主張するが、だからといって前者を後者に還元することをしないのである。バスカーは、彼が「経験は事象よりも実在性の度合いが低いとか、事象は構造に比べて実在性の度合いが低いとか言っているのではない」(58, 六六)と述べて、そのような考えは間違っていると明言している。経験の領域と現実の領域は、実在の領域と同様に実在的世界の三領域をともに形成しているのである。我々の感覚的世界を構成している机、椅子、ペンなどの日常的な世界と、原子や電子などの物理学的な世界との関係について、バスカーは次のように言って、彼の超越論的実在論の捉え方を提示している。

日常言語学派の道具主義者(ordinary language instrumentalist)にとっては、科学的な対象は人為的な構成物(artificial construct)であるのに対して、科学的超実在論者(scientific super-realist)にとっては、日常的な世界は単なる幻想(illusion)である。しかし超越論的実在論者にとっては、この問題設定は偽造されたものである。なぜならもしもその二つの異なる世界の間に関係があるとすれば、それは自然によって生みだされたものであり、決して人間の解釈によるものではないからである。その関係は実在物と想像物との関係ではなく、そのうちの一つが極めて小さい二つの種類の実在物の間の関係である。例えば、電子と机との関係は因果連関の観点から理解されるべきであって、対応規則によって関係づけられるべきではない。結果はそれが結果であるということのせいで実在性の度合いが低いとか、それらを記述する言明は真実度がより低いということ

はないし、また、原因はそれが知られにくいというせいで架空のものでなければならないということではない。（59, 六六）

経験や事象からなる経験的世界が実在的世界であって、原子や電子などの科学的世界は実在的世界というよりも経験的世界を理解するための道具的な存在であると見る日常言語学派と、その逆に、真の実在の世界を原子や電子などの物理的世界に見て、感覚で捉えられる日常的な世界の実在性を幻想と捉える物理主義者に対して、バスカーの超越論的実在論は、両者の世界をともに実在的な世界と見るのである。

しかしそうは言っても、バスカーの超越論的実在論の核心は、科学についての実在論的な理論（A Realist Theory of Science）であり、科学の対象は、諸経験や諸事象からなる世界ではなく、それらの諸現象の背後にある構造や諸メカニズムからなる世界であるということである。

6　科学的探究の目指すもの

科学は人間の思考から独立して存在している世界の構造、生成メカニズムを探究し、世界のあり方を理解しようとする。しかもその生成メカニズムは、階層化していて、科学的探究は、この「終わりなき階層化（open-ended stratification）」（169, 二一四）を辿っていくことになるとバスカーは考えている。その階層化の探究過程は次のように進展していく。

まず、制御された環境下にある実験室での「自然における不変性（invariances）の現認と、その不変性の持続的なメカニズムに基づく説明」（168, 二一二）が求められる。例えば、〈第一階層〉実験室でナトリウムと塩酸の化学反応（$2Na+2HCl=2NaCl+H_2$）が観察された場合、その反応は、〈第二階層〉原子番号や原子価、化学結合に関する理論（メカニズム1）に基づいて説明されることになるが、さらにその原子価や化学結合を説明する理論が探究されることになり、〈第三階層〉原子構造に関する電子理論や原子構造（メカニズム2）による説明がなされ、さらに〈第四階層〉それらが電子、陽子、中性子などの原子内部に関する様々な理論（メカニズム3）によって説明される段階へと進み、現在はさらにその下位の階層へと進んでいるのである。それは、「幾何光学がヤング＝フレネルの波動光学によって説明され、さらにそれが光線の電磁気学によって説明され、さらにそれが発光の量子理論によって説明される」（169, 二一四）のと同様である。階層化には終わりはないのであり、科学的探究はどこまでも展開されている過程である。「科学はこの世界の階層構造を摑まえようとする（すなわち掘り下げ記述しようとする）企てであって、科学の本質はそれがどこまで行っても展開しつつある過程そのものだという点である」（185, 二三五）。

科学の本質は、表層的な現象からその現象を生みだす構造を求めてより深い層へと掘り下げていくことにある。しかしそのためには、科学的な探究は、社会的な活動、バスカーのいう他動的な過程として展開されなければならない。「科学とは、（既成のパラダイムやモデル、比喩、類比といった手法などの）知的道具や技術的用具を体系的に使って、現行の理論、既定の事実などといった素材をいろいろと加工し、新しい理論や事実を生産する営みにほかならない」（同前）からである。したがって、科学は労働（work）として展開されなければならない。それは、アリストテレスの四原因論に当てはめると、「質料因は既成の知識や事実や理論であり、作用因は方法論的パラダイム、すなわち科学者の理論的活動や実験活動を動かしている生成理論（generative theory）である。また、形相因は新しい知識や事実や理論であり、目的因は持続的・超事実的に存立・作用する自然メカニズムに関する知識である」（194, 二四七）ということになる。バスカーは、主流の科学哲学と超越論的実在論との違いは、前者が個人の経験を基本に据えるのに対して、後者は科学を社会的な活動として捉え、その可能性を問うところにあると見ているのである。

注

（1）Roy Bhaskar, *A Realist Theory of Science*, The Harvester Press, 1978　ロイ・バスカー『科学と実在論——超越論的実在論と経験主義批判』式部信訳、法政大学出版局、二〇〇九年。なお、本書からの引用は、本文中に原著はアラビア数字で、翻訳は漢数字と小文字のローマ数字で記す。翻訳は変えているところもある。

（2）カント『純粋理性批判』（上）篠田英雄訳、岩波文庫、一九六九年、七九頁。

（3）カント『純粋理性批判』（中）篠田英雄訳、岩波文庫、一九六九年、二〇六頁。

（4）カント『プロレゴーメナ』土岐邦夫・観山雪陽訳、中央公論社「世界の名著」『カント』、一九七二年、一四六頁。

第6章　マウリツィオ・フェラーリスの新実在論

二一世紀に入ってからのヨーロッパにおける実在論的転回に、独自の立場から加わった実在論哲学者に、マウリツィオ・フェラーリスがいる。彼は自らの実在論を「新実在論（New Realism）」と呼ぶ。ただ、この「新実在論」という呼称は、フェラーリスによると、二〇一一年六月二三日一三時三〇分にフェラーリスがマルクス・ガブリエルとナポリのジェンナーロ・セッラ通り二九番地のレストラン「アル・ヴィナッチオロ」で会った時に、ボンでの現代哲学の国際会議を計画していたガブリエルからその会議の適切なタイトルを聞かれてそれに「新実在論」と答えたことに発しているということである。[1] もっとも、ガブリエルの方は、その提案をしたのは、自分であると言っている。[2] フェラーリスとガブリエルのどちらもが、その呼称の提案者は自分であると言っているのであるが、ともかくこの二人が話している時に出た言葉であることに間違いない。

フェラーリス『新実在論宣言』に寄せられたグレアム・ハーマンの序文によれば、実在論的転回（realist turn）が起こったのは、二〇〇二年のマヌエル・デランダ（Manuel DeLanda）の *Intensive Science and Virtual Philosophy* と、グレアム・ハーマンの *Tool-Being* の出版からであるが、しかしそれよりも前にフェラーリスの実在論的転回は始まっていたということである。フェラーリスは、ポストモダンの思想家ジャンニ・ヴァッティモ（Gianni Vattimo）の「弱い思考（Il pensiero debole）」の影響下で育ち、ジャック・デリダに共鳴し、その共著者でもあったが、ハーマンによると「一九九二年にナポリで「存在は言語である」というハンス・ゲオルグ・ガダマーの話を聞いて、突然、それが嘘であると悟り、フェラーリスの実在論的転回が始まった」（Mani. x）ということである。その意味で、フェラーリスの実在論的転回は、二〇〇七年にロンドン大学ゴールドスミス校で持たれた「思弁的実在論」のコロキウムに参加したハーマンやメイヤスーなどの潮流とは別個に、それよりも先行して行われていた。フェラーリスは、孤独な戦いを行っていたのである。フェラーリス自身、「私は、実在論の論戦においてほとんどただ一人であったということを言わねばならない。その最初の表れは、私の *Estetica razionale* の一九九七年に遡る」（Intro. 2）と語り、『新実在論宣言』の内容は、解釈学やデリダの脱構築の思想をくぐり抜けて練り上げられたオリジナリティをもつ哲学であって、「私が過去二〇年前から発展させてきた考えである。実在論の練り上げは、九〇年代の始めに、私に解釈学を放棄し、感受性（sensibility）の理論としての感性論（エステティックス）、修正不可能性（unamendability）としての自然的存在論、そして最後にドキュメンタリティの理論としての社会的存在論を提起するように導いた転回以来、私の哲学的な仕事を貫く主要な糸であった」（Mani. xiv）と語っている。「（解釈学・ポストモダニズム・「言語論的転回」など）その様々なヴァージョンにおいて反実在論の方向に振れた二〇世紀の思想の振り子は、新しい世紀に入るとともに実在論（今一度、存在論・認知科学・知覚理論としてのエステティックスなど多くの面において）の方向へと動いた」（Mani. xiii）のである。

「新実在論」という名称の生まれた経緯は、以上の通りであるが、その内容は、確定しているものではない。それは、もともと会議のタイトルであったからである。フェラーリス自身も、「新実在論は、「私自身の理論」ではまったくないし、特定の哲学的潮流でもなく、またそれは思想の「共通語」でさえない。それは単に、過去数年間にわたって生じた広い論争によって何回も示されたと私は思うのであるが、ある事態の写真（私が実にリアリスティックであると見なす）である」（Mani. xiii）と断っていて、二〇世紀初頭にアメリカで起こった「新実在論」の一団とは違って、共通の哲学思想のコアがあるわけではない。それ故にフェラーリスは、「宣言」という形態を取ったと言う。すなわちマルクスとエンゲルスが、「一つの妖怪がヨーロッパをさまよっている」と言った時、彼らが目指したのは、「彼らがコミュニズムを発見したことを全世界に知らせることではなく、むしろコミュニストが多様であることを確認することであった」（Mani. xiv）からであると言う。この点は、ガブリエルも同様であって、「「新しい実在論（Neue Realismus）」は、いわゆる「ポストモダン」以後の時代を特徴づける哲学的立場[3]」をあらわしていると言って、彼の展開する哲学も「新実在論」であると語っている。我々は、ここでは、マウリツィオ・フェラーリスの新実在論の内容を見てみることにする。

1　フェラーリスのポストモダニズム批判

フェラーリスの新実在論は、ポストモダニズム批判、構築主義（constructivism）批判と結びついている。ポストモダニズムという言葉は、一九三〇年代にスペインの文学批評家フェデリコ・デ・オニスが詩的トレンドを指して初めて使用し、アーノルド・トインビーもポストモダンという語をその『歴史研究』において一八七五年以降の西洋文明の挫折という新しい歴史の章を指す言葉として使用したが、これらの先駆者たちに共通の意味は、「進歩の観念の終わり――無限の不確定な未来に向けての計画は後退が次に続く。未来はすでにここにあり、すべての過去の総計である。我々は我々の背後に偉大な未来を持っている」（Mani. 2）というものである。これに対して、一九七九年のリオタール『ポストモダンの条件』とともに哲学の領域にやって来たポストモダニズムは、啓蒙・理想主義・マルクス主義などの「大きな物語」の終焉を告知し、真理や善、正義や自由、解放や革命といった理想が人々を動かすこと、それらに基づいて知識と学問的探究を正当化することを不可能とした。リオタール自身も、科学や知の普遍的な正当化を不可能とし、後期ウィトゲンシュタインの言語ゲーム論を下敷きにした様々な異型のゲーム規則の承認によって多様な知のあり方――パラロジー（paralogie）――を認めようとした。

ポストモダニズムの思想家がどの思想家に相当するのかは、厳密には規定できないし、そう呼ばれる思想家がそれを拒否する場合もあるが、近代（modern）の掲げた理念を否定するすべての思想家がそうであるとすれば、サルトル以降の二十世紀後半のすべての思想家がそれに当たると言えるであろう。フェラーリス自身は、ポストモダニズムの思想家の代表者としてリオタール、デリダ、フーコーを挙げ、その起点をニーチェに見る。

ポストモダニズムの進歩に対する不信は、真理は悪であり、幻想は善でありうるということ、これが近代世界の運命であるという考え――ニーチェにその典型的な表現が見いだせる――の採用を意味している。問題の核心は、「神は死んだ」という主張（ヘーゲルがニーチェに先立って主張した）にではなく、むしろ現実の世界は物語であるから、「まさしく事実なるものはなく、あるのはただ解釈だけでしかない[4]」という文章に見出される。（Mani. 2）

ニーチェは、事実のみが存在するという実証主義に反対して、いかなる「事実自体」もなく、あるのは多様な解釈でしかないと認識の遠近法主義（Perspektivismus）を唱えたが、真理についても、様々な解釈による多様な真理を認め、「真理とは、それなくしては特定種の生物が生きることができないかもしれないような種類の誤謬[5]」であり、「価値評価が、「真理」の本質にほかならない[6]」というのが、ニーチェの真理観である。つまり客観的な普遍的真理は、ニーチェにとって幻想でしかないのである。

フェラーリスは、このポストモダニズムの主張、事実に対する解釈の優位、客観性を神話と見なす主張は、これまでのどの哲学思想よりも現実の政治社会に大きな影響を生み出したと見る。現実の世界を物語として多様化し脱構築することを目指したポストモダニズムの夢は実現しなかったが、テレビなどのマスメディアを通して人々に何でも信じさせることのできるメディア・ポピュリズムが実現され、ニュース報道やトーク・ショウにおいて、「最も強いものの議論がつねに最善である」という形で展開される「いかなる事実もなくただ解釈しかない」世界（「不幸にも事実であって、解釈ではない世界」（Mani. 3））を日々目撃するようになっていると言うのである。

ポストモダニストの夢は、ポピュリストによって実現された。そして夢から現実への過程において、我々は実際に、いったいそれがなんであるのかを理解した。したがって、被害は、ポストモダニズム——大抵は、驚くべき解放的な熱意によって駆り立てられた——からストレートに来たのではなく、ポストモダニズムの側の強力（ほとんど気づかれないが）なイデオロギー的な支えに乗じたポピュリズムから来た。これは、哲学に興味を持つ多少拡がりをもつエリートだけではなく、ポストモダニズムについて決して耳にしたことがなく、メディア・ポピュリズムが他のいかなる選択肢ももたないシステムであるという確信を何よりも意味するその効果を経験するほとんどすべての人々に強く影響を与える結果を持った。（Mani. 3）

2　ポストモダニズムとメディア・ポピュリズム

フェラーリスは、ポストモダニズムの核として、（1）アイロニー化（ironization）、（2）非‐昇華（desublimation）、（3）脱客観化（deobjectification）の三つを挙げる。

（1）「アイロニー化」とは、ドグマティズムを避けるために、真理を「真理」、実在を「実在」、正義を「正義」等と括弧付き、英語では逆向きの引用符で表記する。括弧付きの意味は、皮肉、距離化を表し、フッサールのエポケーのもつ哲学的な文脈を越えて、政治的な正しさの領域に入り、括弧を外すことは、受容できない暴力、幼稚な素朴さと見なされる。メディア・ポピュリズムではこのアイロニー化が蔓延しており、笑い、ふざけ、茶化しが行われるが、解放を含むものではなく、むしろ攻撃を内包している。

ポストモダニズムは、カントのコペルニクス的転回（本当はプトレマイオス的転回であった）に発し、「我々は決して物自体を扱うことができず、永遠にただ媒介され、歪められた不正な、したがって引用符の間に置かれうる現象しか扱うことができない」（Mani. 6）という距離化の手段として括弧を使用する。フェラーリスは、彼自身が関わっていた彼の師ヴァッチモを中心とする「弱い思考」はまさにアイロニックな理論であって、「科学、技術に対する懐疑、伝統主義、観念論というイタリア哲学の長い期間にわたる特徴を再提出した」（Mani. 8）ものであると批判する。

ポストモダニズムのアイロニカルな反啓蒙の気候風土においては、「右翼的な思想家が左翼的なイデオローグになるという誤解が生じる」（Mani. 8）。ハイデガーは、ナチズムの組織的な一員であったことが過小評価され、フランスの左翼によって受容されたのである。

（2）「非‐昇華」とは、昇華（sublimation）が、フロイト理論では抑圧される性的な欲動が芸術活動など社会的に認められる活動に転換されることを意味するのに対して、性的欲望そのものが解放の要素を構成していると考え、積極的に欲望を肯定することである。ただ、フェラーリスはフーコーに関しては、彼が欲望と革命をリンクするドゥルーズとガタリの『アンチ・オイディップス』（一九七二年）に対して賛辞を送っていたのにもかかわらず、その四年後の『性の歴史』第一巻『知への意志』（一九七六年）で、この解放的な欲望のパラダイムに代えて、性が権力の支配と行使の道具であるというテーゼ、すなわち「生の政治」（bio-politique）のテーゼに移行している点を指摘している。つまり、欲望の肯定という非‐昇華は、解放ではなく抑圧的に作動していると見るのである。なお、フーコー自身も『知への意志』で、後期資本主義（二十世紀）には、「給与を受ける労働の搾取は十九世紀におけると同じような暴力的・肉体的拘束を必要としてはいず、身体についての政策は性の消去とか、生殖の役割だけに性を限定する必要とかを要求していない。むしろそれは、経済の管理された回路において性を多様に通過させることによって果たされる。よく言われるように、超‐抑圧的な非‐昇華（désublimation sur-répressive）である」[7]と言って、この非‐昇華について批判的に言及している。

この非‐昇華は、またニーチェの道徳批判の利用にも見られ、まじめな道徳的な批判を受け付けず、「それで何が悪いの？」（Mani. 12）という開き直りに似た反応を権力者に取らせ、まじめな批評や異議は、単なるゴシップに還元されてしまう状況が醸成されているのである。

（3）「脱客観化」とは、アイロニー化と非‐昇華の根底にある原動力であって、「客観性、実在性、真理は悪いものであり、無知こそ良いものであるという考え」（Mani. 12）であり、ポストモダニズムは、ここから三つの導きを得ている。すなわち、①「真理は古代のメタファー以外の何ものでもなく、一種の神話であり、権力への意志の表明である。知識は、自律的解放的な価値を持たず、支配や欺瞞の道具を構成する。「真理」というようなものは存在せず、力と闘争の関係しか存在しない」（Mani. 13）というニーチェの見方、②「伝統的には右翼の伝承物であった神話への訴えは、「新しい神話学」の計画を通してニーチェ‐ハイデガー的左翼によって取り戻された。とりわけ（大方の二十世紀分析哲学を含んで）どこにでもある要素は、カントの急進化によって、概念的スキームと表象という媒介（ポストモダニズムにおいては、急進化され、構築（construction）になっている）を通さないなら世界へのいかなるアクセスもない」(Mani. 13) という要求、③科学にとっての特権的な方法を否定したファイヤアーベントの相対主義的な主張が、ベネディクト十六世によるガリレオ批判と教会の擁護を根拠づけるという現実の具体的な結果である。

フェラーリスは、ポストモダニズムによる脱客観化の最も攻撃的な領域がジョージ・ブッシュ政権の政治にあると見る。ジャーナリストのロン・サスキンドに対して発せられたブッシュ政権高官の「我々は今や帝国である。我々が行動する時、我々は我々自身の実在を創造する。そしてあなた方がその実在を——あなた方が望むように思慮深く——研究している間に、我々は再び行動し、別の新しい実在を造り、それをあなた方はまた研究することが出来る」(Mani. 15) という言葉は、実在 (reality) についてのポストモダニズムの見方に通じていると見るのである。

フェラーリスは、以上のアイロニー化、非 - 昇華、脱客観化という三つの働きによってポストモダニズムは、実在的なもの (the real) を実在っぽさ (quasi-reality) へと変えて、「仮想実在論 (realitism)」を生み出したと批判する。

3　ポストモダニズムの誤謬

フェラーリスのポストモダニズム批判は、ポストモダニズムが犯した三つの誤謬、(a)「存在 - 認識 (知) の誤謬 (fallacy of being-knowledge)」、(b)「確認 - 受容の誤謬 (fallacy of ascertainment-acceptance)」、(c)「知 - 権力の誤謬 (fallacy of knowledge-power)」に対する批判をめぐって展開される。

(a) 存在‐認識(知)の誤謬

存在‐認識の誤謬は、ポストモダニズムだけではなくカント以来の近現代哲学における「存在論と認識論の間、存在するものと存在するものについて我々が認識するものとの間の混同」(Mani. 19)である。これは、ロイ・バスカーの言う「認識論的誤謬(epistemic fallacy)」と共通する指摘であり、メイヤスーの相関主義批判の標的でもある。

実在論者は、「我々の概念的スキームに依存しない物(例えば、月には、四千メートルを越える山が存在するという事実)が存在する」(Mani. 23)ことを断定するが、非実在論者(解釈学者やカント主義者)は、「月に四千メートルを越える山が存在するという事実は、我々の概念的スキームあるいは、我々が使用する言葉に依存する」(同前)と考える。フェラーリスは、後者の考えを「構築主義(constructionism)」あるいは「構成主義(constructivism)」(Mani. 24)と呼ぶ。

フェラーリスが構築主義を批判するのは、構築主義者が、カントの「概念なしの直観は盲目である」という原則を、すべての存在の領域に適用する点にある。カントはどのような経験を持つためにも、因果性や実体などの純粋悟性概念だけではなく、たとえば「犬の概念」[8]などの経験的概念も必要であると見なしたが、フェラーリスからすると、これは行き過ぎということになる。確かに数学や社会的世界の領域では、概念なしにいかなる対象も成立しないが、自然的世界ではそうではなく、概念なしにも自然的対象は存在する。

水が H_2O であることを知るためには、私は言語、図式、カテゴリーを必要とするが、水が H_2O

であることは、私の持つどのような知識からもまったく独立している。化学の誕生前にも、地球から我々が消滅しても、水はH_2Oである。非科学的な経験に関していえば、私がそれを知っていようといなかろうと、水は濡れており、火は燃えており、言語や図式やカテゴリーから独立している。(Mani. 19)

すなわち、自然的世界では、認識論と存在論は切り離されており、確かに「水がH_2Oである」ことを認識するためには、我々は水素や酸素とその分子結合式の概念を持つ必要があるが、H_2Oの水が存在するために人間がその概念を持つ必要はないのである。また、化学を知らない時代において人間は、水がH_2Oであることを知らなかったが、水が「濡れている」ことを知っていたし、その場合に人間がそれを知らなかったとしても、水は濡れていたのである。

フェラーリスは、近現代哲学における「存在‐認識の誤謬」の起源を次のように説明する。「(1)感覚は欺く(それらは一〇〇%確実ではない)〔というデカルトの主張〕、(2)帰納は不確実である(それは一〇〇%確実ではない)〔というヒュームの主張〕、(3)科学は経験よりもより安全である、なぜなら感覚の欺きと帰納の不確実性に依存しない数学的原理を持っている〔というデカント(Deskant)(デカルトとカント)の主張〕、(4)経験は科学に分解されねばならない(経験は科学によって基礎づけられなければならない、あるいは最悪でもそれは誤りに導きやすい「表面的なイメージ」として科学によって暴かれなければならない)〔というカントの主張〕、(5)科学はパラダイムの構築であるのでこの点で経験はまた構築である、すなわち経験は概念的スキームから出発して世界を形作ることになる」(〔 〕内は、フェラーリスの文脈からの筆者の補則）（Mani. 27）である。

こうして存在論と認識論の混同、存在‐認識の誤謬が生じることになり、ポストモダニズムの起源はここに存するのである。カントでは、なお物自体の世界が想定されていたが、ポストモダニズムでは留保なく、存在論と認識論は同一化されるのである。

ただフェラーリスは、存在論と認識論の関係について、両者がまったく交差しない別個のものであると言うのではない。存在論は、認識論なしには成立しないこと、何が存在するかについての言説なしには成立しないことを認める。しかし、存在論と認識論を構成する言説の特性はまったく異なっていると言うのである。

> 存在論は何が存在するかではなく、何が存在するかについての言説であるということは確かに言うことはできる。したがって存在論の中には認識論的な切れ端が常に存在しており、認識論の中には存在論的な残部がある。次のことは議論の余地はない。存在論は、認識論なしには決してない。ちょうど、人は認識なしに生きることが出来ないように。しかし、もし存在論がそれもまた言説であれば、認識論に関して違いを明確にするはずの言説であって、存在‐認識の誤謬に肩を持つときに起こるように、認識論との連続性を主張するのではない。したがって、存在論と認識論を混同することがいかにありきたりのことであっても、理論的に興味深いやり方は、存在論と認識論が混ざり合っていると言うのではなく、存在論と認識論がいかに多くの仕方で区別されるかを強調することにある。（Mani. 33）

認識論	存在論
修正可能　修正可能であるもの	修正不可能　修正可能でないもの
内的世界 （＝概念的スキームに内在的）	外的世界 （＝概念的スキームに外在的）
科学 　言語的 　歴史的 　自由 　無限 　目的論的	経験 　必ずしも言語的でない 　歴史的でない 　修正不可能 　有限 　必ずしも目的論的でない

認識論と存在論の差異を示すそれぞれの特性は上のように図示（Mani. 34）される。

この図に示される差異の諸点を見ていくことにする。

・修正可能（Amendable）と修正不可能（Unamendable）

我々は認識の領域においては、間違ったり正しかったりし、また、間違いを修正できたりする。水が H_2O であることを知っていたり知らなかったりすることができる。しかし水に触れれば、我々は水素と酸素そのものが濡れていないと考えても、乾くことはなく濡れる。このことは、「私のものとは違った概念的スキームを伴った犬にも、虫にも、コンピュータのような無生物（水の化学的構成について知らないにもかかわらず、キーボードの上にコップの水がひっくり返る不幸なケースにおいて取り返しのつかないダメージを被る）にさえ起こるであろう」（Mani. 34）。実在の領域においては、単なる概念的スキームを使って訂正されたり変化させられたりすることはない。我々の知覚される世界は、修正不可能なのである。「もし私が火を見ていて、それが酸化現象、フロジストンの働きの現象、燃素の働きの現象と考えることはできるが、もし私の手を火の中に置いたならば、（耐火手袋をはめないかぎり）火傷をせざるをえない」（Mani. 36）のである。また、知覚の錯覚において、我々はいかなる矯正手段ももたない。「水に浸けられた棒は、それが実際に折れているので折れて見えるということではなく、水に浸けられた棒は、折れていないことを我々が知っているのにもかかわらず、我々はそれを折れていると見ることしか出来ない」（Intro. 39）のである。

フェラーリスは、この修正不可能性が知覚経験の領域だけではなく、過去の出来事の取り返しのつかなさ（irrevocability）においても同様に起こっていると言う。ディノザウルスは、何千万年も以前に存在したということ、「一八一三年にライプツィヒにおいてサクソン人は、ナポレオンを捨て、オーストリア、プロシア、ロシア、スウェーデン人の側に移った」（Mani. 50）ということは一つの事実であって、この事実のさまざまな評価や解釈はあっても、それが起こらなかったとすることはできないのである。

・内的世界（Internal World）と外的世界（External World）

知覚の修正不可能性、知覚が概念的スキームから独立しているということから、知覚の世界の自律性、独立存在が帰結する。認識は概念的スキームに依存するが、外的世界はそれに依存せず、我々の思惟を超越している。この外的世界は、感覚で捉えられた知覚的世界だけでなく、知覚を引き起こす外的世界のことを意味している。すなわち外的世界は、我々の概念的スキームだけでなく、種としての人間の知覚機構（perceptive apparatuses）にとっても外的であるということであり、それ故に、水が犬とも虫ともコンピュータとも相互作用をすることができる世界である。「人間や犬、虫、植物、あるいはスリッパも含めた様々な存在が、表象やスキームを彼らが共有していることとは無関係に、互いに相互作用することが出来る……もちろん、私は、犬と構築主義者と私自身のすべてが、同じ仕方で世界を見ているとは決して考えなかった。私は、我々の概念的スキームと知覚機構が異なっているという事実にもかかわらず、我々が相互作用することが可能であり、この相互作用はそれが共有する世界において生じる（神的な介入に訴えることによってよりもこのようにしてそれを説明する方がはるかに容易である）ゆえに可能であると主張しているのである」(Intro. 45)。

・科学と経験

第一に、何か（頭痛）を経験することと、それを誰かに話すこと、そしてそれについて科学（診断）をすることとは、異なっている。科学は、伝達、コミュニケーションなしには、そしてドキュメンタリティとしてのライティングなしにはありえないが、「経験は、いかなるコミュニケーションも記録化も言語的表現の必要もなしに生じることが出来る」(Mani. 40)。第二に、科学は、先行する世代による諸発見を活用することができるかぎりで存在することができる歴史性を持っているが、経験は、いかなるコミュニケーションも記録化も言語的表現も必要なしに生じることができる。「若い科学」という表現はあるが、「若者らしい経験」とは言っても、「若い経験」とは言われない。第三に、科学は、西洋文明において発展させられたが、他の文明はそれとは異なった文明を発展させた。科学は発生することもしないことも可能であり、その点で、自由である。それに対して「経験は通文化的な恒常性（intercultural constancy）を示し、熟慮を伴う選択の結果として表れるのではない」(Mani. 40-

41）のである。第四に、科学は、歴史を持ち、無限の発展を内包しているが、経験は、無限に進歩的ではなく、いかに研ぎすまされても有限である。第五に、科学は、熟慮に基づく活動であり、目的を持った活動であるが、経験の場合は、「いかなる理由のためでもなく熱を感じ、色を見、歯痛に苦しむ」（Mani. 42）のである。

（ｂ）確認 - 受容の誤謬

ポストモダニズムは実在論を、その「唯一の目的は実在を肯定すること」、「事物の実在する状態を受容する」（Mani. 45）ことにあると実在論を非難するが、フェラーリスはそうではないと反論する。むしろ実在論は、「何が実在的で何がそうでないかを判断するカント的な意味と、正しくないものを変革するマルクス的な意味という二つの意味で批判的な理論である」と主張し、この点を理解しないのは、ポストモダニズムが「確認 - 受容の誤謬」、すなわち「実在を確認することがそれを受容することに等しいというドグマ」に嵌まっているからであると批判する。ポストモダニズムの反実在論は、存在を構築の対象とすることによって自らを解放的であると自認するが、結局は、現実への黙従に終わることになる。なぜなら、現実の変革は、現実の認識からしか始まらないからである。治療は、病状の確認から出発するのである。「反実在論は、黙従と一つである。実在論者は、反対に、診断が治療の前提であるという同じ当たり前の理由により、（もし彼らが望むなら）批判し、（もし彼らが可能なら）変革する可能性を持つ」（Intro. 25）のである。

フェラーリスは、この点をデリダの『法の力』での正義の脱構築不可能性の主張と結合してデリダを評価している。「デリダは、正義が脱構築不可能なものであると主張した。正義に対する願望は、脱構築そのものの基礎となるが、それ自身、脱構築には従属しないと。私は、正義が存在論と無関係であるからではなく、存在論は修正不可能であるから、正義は脱構築不可能であると言いたい。まさにその法則が我々の意志や思惟に関わらない（indifferent）がゆえに、そのような世界において科学があり、正義があるということが可能なのである」（Mani. 46-47）。フェラーリスは、実在論のための決定的な議論は、理論問題ではなく、道徳問題であると言う。なぜなら「事実なしに、対象なしに、世界での道徳的な振る舞いを想像することは不可能」（Mani. 47）だからである。道徳は「実在の摩擦」（Mani. 48）から出発しなければならない。フェラーリスは、これをカントのハトが「空中を自由に飛びながら空気の抵抗を感じるので、真空のなかではずっとうまく飛べるだろうと思う(9)」かもしれないがそれはできないように、道徳的行為が存在するためには、主観から独立の実在の存在、修正不可能な抵抗としての実在が必要であると指摘するのである。

(c) 知 - 権力の誤謬

ポストモダニズムの第三の誤謬は、知識が権力による支配の道具であるというフーコーの見解、知識が権力への意志の表明であるというニーチェの見解である。フーコーは、宗教や道徳の発生を人間のいだく復讐心や怨恨といった心理的動機に求めたニーチェの『道徳の系譜学』にならい、近代における自律的な人間主体や精神の成立と、それを対象とする心理学や精神医学、教育学、犯罪学といった人間諸科学の誕生とを、権力による身体に対する監視や規律・訓練などの政治的技術の産物としてとらえる。「知のいかなる形態の背後にも、否定的なものとして経験される権力が隠れている。その結果、知は、解放へと繋がる代わりに、隷属化の道具となる」（Intro. 25）という知と権力の共犯関係が暴かれる。このフーコーの知の系譜学は、近代の人間諸科学の誕生について一面の真理を衝いていると言えるが、ここから知識や真理を否定することは行き過ぎであるというのが、フェラーリスの考えである。「（ルソーが示唆したように）天文学が迷信から生まれ、雄弁術が野心と憎しみと追従から生まれ、幾何学が貪欲から、物理学が空しい好奇心から、道徳が高慢から生まれたということが真であるとしても、地球が太陽の周りを回り、三角形の内角の和が一八〇度であるという事実を疑ういかなる理由もないであろう」（Mani. 66）。

ポストモダニズムは、「存在－認識（知）の誤謬」とこの「知－権力の誤謬」から、「存在＝知」と「知＝権力」、したがって「存在＝権力」を導き出す。「構築主義（実在は知識によって構築される）と ニヒリズム（知識は権力によって構築される）の結合が、実在を権力の構築とする」（Mani. 71）ことになる。実在、すなわちこの世界が権力への意志であるというニーチェの『権力への意志』での宣言が高らかに宣せされる。

それであなた方は、「世界」というものが私にとっていかなるものかを知っていますか？　私はあなた方に私の鏡の中でそれを示しましょうか？　この世界：エネルギーの怪物、始まりなく終わりなしの。より大きくもより小さくもならず、消尽することなくただ変形する力の堅固な鉄のような大きさ……永遠に自己創造するもの、永遠に自己破壊するもののこの私のディオニュソス

> 的な世界、この二重の官能的な歓びの神秘的な世界、私の「善と悪の彼岸」……あなた方はこの世界の名前を知りたいですか？　すべてのその謎にたいする答えがほしいですか？　あなた方にとっての光、またあなた方、もっともよく隠され、最強の、もっとも大胆不敵な、もっとも真夜中の人間であるあなた方にとっての光がほしいですか？――この世界は、権力への意志です――そしてそれ以外の何ものでもありません。そしてあなた方は、あなた方自身、またこの権力への意志です――そしてそれ以外のものではありません。[10]（Mani. 71）

しかし、フェラーリスは、実在は歴史の事実として正義を再確立するための基礎であり、「実在と真理が、常に強者の圧力に抗して弱者の保護を構成してきたと考える合理的な根拠がある」（Mani. 72）と言う。

ニーチェは、死に臨みながら知識（knowledge）と徳（virtue）と幸福（happiness）の間に緊密な結合があると説いたソクラテスと、このソクラテスの子孫である啓蒙に反対し、「知識と真理のためのヴェール剥ぎは幸福を与えない、幸福は神話からしかやってこない」（Mani. 74）と批判する。ポストモダニズムは、このニーチェに倣って、「知識のあらゆる形態は、権力のある形態の表現として嫌疑の目で見られるべきである」という「知‐権力の誤謬」に陥ったが、これには理性の弁証法、パラドックスが絡んでいるとフェラーリスは見る。まず出発点は、「大いなる解放的な審級、解放の要求」であったが、「神話や奇蹟、伝統に対立する理性、知識、真理の力に依存する解放の要求は、極端な急進化の地点に至り、それ自身に反転するようになる。神話を批判するためにロゴスを使い、信仰の正体を暴くために知識を使った後で、理性の脱構築的な力は、ロゴスと知識そのものに対して反転する。こうして、知識を権力の意志の働きとして暴露する道徳の系譜学の長い過程が始まる」(Mani. 75) のであり、この結果まさにポストモダニズムの「知‐権力の誤謬」が生み出されるのである。しかし、ここには袋小路がある。「もし知識が権力であるなら、解放を生み出すはずのもの（すなわち知識）は、同時に従属と支配を生み出す審級であるという袋小路である。そしてここから、もう一つの反転によって、ラディカルな解放が、神話と物語への回帰において、唯一、非知識（nonknowledge）のなかに見出されることが出来ることになる」(同前)。ポストモダニズムにおいては、ニーチェと同様に解放の要求において真理と実在は捨てられ、神話や物語へと回帰することになるのである。

4　ポストモダニズムと啓蒙

フェラーリスは、しかし、典型的なポストモダニズムの思想家として批判してきたフーコー、デリダ、リオタールが、一九八〇年代になって、啓蒙へと回帰した点を注視し、評価している。リオタールは、カントへの回帰を表明したし、デリダは、一九八〇年の講演『哲学における最近の黙示録的語調について』[11]において、カント『哲学における最近の高慢な口調について』（一七九六年）での、超自然的、神秘的な知的直観の信奉者の高慢な語調に対してそれが「哲学の死」を意味するというカントの批判を引き継ぎ、さまざまな終末の到来とりわけ哲学の終末を唱える黙示録的語調に対して批判を加え、「カントが例えば、高慢な口調の欺瞞をあばこう〔＝脱神話化しよう〕と試みるのは、

Aufklärung〔＝明るみに出すこと、啓蒙〕を名目としてであります。こんにちという日においては、われわれはこれらの〈光り〉を相続せざるをえなかったのであり、*Aufklärung* を断念することはできず、また断念してはならないのであって、そのことはひとつの掟であり、またひとつの宿命なのでありま す[12]」と言って、自らが啓蒙に属していることを率直に認めている。フェラーリスは、ポストモダニズムについてデリダが、「「ポストモダン」と自らを呼ぶ流れは、あたかもそれが啓蒙の時代を通過したかのようにそう称しているが、私はそれがそうであると考えない。啓蒙の考えを一八世紀ヨーロッパにおいてそれが現れたようにではなく、それを理性の進歩の中に位置づけて、それを現代的なものにすることによって、再生することが肝要である」(Mani. 80)(二〇〇二年五月三日付メキシコ・シティの日刊紙 La Jornada。強調はフェラーリス)と語っているとして、啓蒙に対するデリダの姿勢を確認している。

そしてその上で、フェラーリスは、とりわけフーコーについて、彼が死を前にして一九八四年二月一日から五月二八日までのコレージュ・ド・フランスで行った「パレーシア」、すなわち自分が真理であると考えることを生命の危険をも顧みずに公に語ることについての連続講義が、その前年に行われたカントの『啓蒙とは何か』のテクストを扱った講義とともに、それまでのフーコーの反啓蒙の立場、「真理を権力の効果として見ることが、知識と真理が解放の手段であり反権力と徳の道具であるという啓蒙において頂点に達する伝統を非正当化することを意味」(Mani. 82)していたのに対して、啓蒙の擁護に転じている点を評価している。カントは『啓蒙とは何か』で、彼の生きた現代が、理性の公的使用すなわち社会の公衆全体に対して発言する自由が守られる社会、啓蒙された時代であるかどうかを問い、未だ「啓蒙された時代」ではなく、「現代はまさに啓蒙の時代」であると述べたが、フーコーは、カント講義においてこの言葉を承けて、カントの業績を次のように整理して自分がこの啓蒙の系列に入ることを宣言している。

カントは、その偉大な批判的作品の中で――「三大批判」において、そしてとりわけ「第一批判」（『純粋理性批判』）において――、真の認識が可能となる諸条件についての問いを提起する批判哲学の伝統を提示し、基礎づけたのでした。そしてそこから、十九世紀以来の近現代哲学の大部分が、真理の分析論として提起され、展開されたと言っていいでしょう。今日われわれが、いわゆる英米分析哲学という哲学の形式のもとに見出すものこそ、そうした哲学のあり方なのです。しかしながら、近代と現代の哲学の内部には、もうひとつの別の種類の問い、別の批判的な問いの様態があるのです。それはまさに、啓蒙についての問いのうちに、あるいはフランス革命についてのテクストのうちに生まれてくるのが見られるような問いです。このもうひとつの批判の伝統は、どのような条件のもとで真の認識が可能となるかを問うのではありません。それは、次のような問いを提起するような伝統なのです。つまり、現在性（アクチュアリティ）とは何か。われわれの経験が占める現在的（アクチュアル）な領野はどのようなものか。可能な経験の現代的な領野はどのようなものか。そこで問題となっているのは真理の分析論ではありません。そうではなく、〈現在〔présent〕〉の存在論（オントロジー）、現在性（アクチュアリティ）の存在論、現代性（モデルニテ）の存在論、われわれ自身の存在論とでも呼びうるものがそこで問題となるのでしょう。

そして、現在わたしたちが直面している哲学的な選択とは次のようなものであると思われます。一般的な真理の分析哲学として提示されるような批判哲学を選ぶべきなのか、それとも、われわれ自身の存在論、現在性の存在論という形態をとる批判的思考を選ぶべきなのか。そして、ヘーゲルからニーチェ、マックス・ヴェーバー等々を経てフランクフルト学派に至る、後者の哲学の形がひとつの考察の形態を打ち立てたのであり、もちろん、可能な限り私もそこに加わりたいと思うのです。(13)

5 実在論への回帰とフェラーリスの新実在論

フェラーリスは、ポストモダニズムは、実在的なもの（the real）を実在っぽさ（quasi-reality）へと変えて、「仮想実在論（realitism）」を生み出したが、世紀の変わり目において、ようやく実在論（realism）が復活・再生し、多くの方向に展開されていると言う。

その展開は、第一に「言語論的転回の終焉」であり、第二に「知覚への回帰」であり、第三に「存在論的転回」である。

（1）言語論的転回の終焉は、構築主義や概念的スキームによる経験の枠組みの付与という考えから、経験そのものの重要性への移行であり、ヒラリー・パトナムの内（在）的実在論から常識的実在論への転換やウンベルト・エーコの経験の重要性についての強調に表れており、若い世代による思弁的実在論の展開に表れている。

（２）知覚への回帰は、ポストモダニズムにおいて頂点に達した哲学的超越論主義によって伝統的に無視されてきた知覚への注目によって、「外的世界、概念的図式を超えてそれらから独立に存在している実在への新しい展望」（Mani. 18）を開き、「単なる反省によって我々を囲む対象の色を変えたり、視覚的なイリュージョンを正したりすることは我々には不可能である」（同前）ことに注目することによって、知覚経験の修正不可能性（unamendability）、抵抗（resistance）を明らかにしたのである。

（３）「存在論的転回」とは、分析哲学と大陸哲学の両方における存在論の復権である。カントは、「哲学が対象（今では科学に適切な）を扱うことを止めねばならず――「純粋悟性の分析論という控えめな表題」のもとに――これらの対象を知る可能性の条件を探究するために、「存在論という誇り高い名前」（カント『純粋理性批判』B. 303）を放棄しなければならないと要求して、存在論にさよならを言った」（Mani. 18-19）が、今や、知覚から社会まで、自然科学に必ずしも従属しない探究領域を構成している諸対象の多様性の学としての存在論が、例えば、グレアム・ハーマンや、レヴィ・ブライアントなどのオブジェクト指向存在論（Object-Oriented Ontology）に見られる探究がある。

フェラーリスの新実在論は、これらの現代哲学における多くの運動と平行して展開されてきた。そしてその新実在論は、メイヤスーなどの思弁的実在論・唯物論がカント以来の相関主義の批判を通して展開されたように、ポストモダニズムの構築主義に対する批判を通して展開されたのである。

それでは、フェラーリスの新実在論とはいかなるものか、われわれはすでに彼のポストモダニズム批判を少し詳しく辿ってきたので重なる部分もあるが、その全体像を見ていきたい。

これまでも触れてきたが、フェラーリスの新実在論の考える実在は、以下の六点によって特徴づけられる。

（1）修正不可能性：存在するものはわれわれがそれについて考えていることとは関係なく実在し続ける。知覚は、われわれの理論的認識に対して脱構築的な役割をしており、「知覚的な脱構築は、ここではそれは認識論的な機能ではなく存在論的な機能を持っているという点は除いて、ポパーの反証と同類である」（Intro. 39）。この修正不可能性という否定性は、「存在論の肯定性を意味している」（Intro. 40）のである。

（2）存在論と認識論の区別：これは、先に「存在‐知の誤謬」で詳しく見たものである。フェラーリスは、実在性を「認識論的実在性」（ε-reality）と「存在論的実在性」（ω-reality）の二種類に分ける。前者は、ドイツ語でRealitätと呼ばれるものであり、「存在するものについて我々が知っている（と考える）ものに関係する実在性である。これは、カントによって彼が「概念無しの直観は盲目である」といったときに関連づけられた実在性、あるいはクワインによって彼が「存在するとはある変数の値である」というときに関連づけられた実在性である」（Intro. 41）。これに対し、後者は、ドイツ語でWirklichkeitと呼ばれるもので、「われわれがそれを知っていようがいなかろうが、存在するものに関係し、抵抗（修正不可能性）として肯定性としてそれ自身を示すもの」（同前）であり、「外的世界（external world）」（Intro. 42）である。

（3）相互作用（interaction）：犬や猫、ハエはわれわれとは違った概念的スキームや知覚機構をもっているが、われわれはそれらと相互作用している。「人間や犬、虫、植物、あるいはスリッパも含めた様々な存在が、表象やスキームを彼らが共有していることとは無関係に、互いに相互作用することが出来る」し、「この相互作用はそれが共有する世界において生じる（神的な介入に訴えることによってよりもこのようにしてそれを説明する方がはるかに容易である）ゆえに可能である」（Intro. 45）のである。

（4）アフォーダンス：事物、実在は、互いに相互作用する。その相互作用は、抵抗のような否定性だけではなく、「与えること」「提供すること」を意味するアフォーダンス（affordance）という肯定性の相互作用を行う。椅子はわれわれに座ることを、そして猫にはその上で丸まることをアフォードするのである。アフォーダンス概念は、J・J・ギブソンの『生態学的知覚論——ヒトの知覚世界を探る』において中心的な理論として展開されたが、フェラーリスは、フィヒテにおいてもすでに「実在的なものの誘発性（Aufforderungscharakter）」（Intro. 127）として語られていたと指摘している。

フェラーリスは、アフォーダンス理論によって、物理的な経験だけではなく美や道徳的価値や非価値も外から与えられると言う。「美や、道徳的価値や非価値が現れる仕方は、明らかに我々の外に我々を驚かし印象を与える何かがあることを示している。そしてこの何かは、まさしくそれが外から来るゆえに価値を持つ。さもなければ、それは想像以外の何ものでもないであろう。だから、しばしば言われてきたこととは反対に、価値と事実を区別することが出来ないのである。なぜなら、事実はそれ自身価値であるからであり、しかも最も高い価値、すなわち翻って各々の価値の可能性の条件である肯定性であるからである」（Intro. 48）。価値も外から事実を基礎にして与えられるのである。

（5）環境：フェラーリスは、マルクス・ガブリエルの「存在することは意味の場に存在することである」のテーゼに対し、「存在することは一つの環境に存在することである」というテーゼを対置する。ガブリエルにおいては、例えば「ハリー・ポッターが幻想文学の意味の場に存在し、原子が物理学の場に存在しているということを意味している」(Intro. 54)が、ガブリエルにとって唯一存在しない意味のすべての場の総計として理解された世界が存在しないのは、「意味のすべての場の意味の場(すなわち、絶対的な)は、存在しない」からである。しかしフェラーリスにとって、存在論を意味の場に依存させるガブリエルの存在論は、「認識論ではないとしても少なくとも主観性に結びつけられた何かに依存させ」るものであり、「弱められたものであるとはいえ、超越論的誤謬(= 認識論と存在論の混同)のヴァージョンを再提出している」(同前)ものである。動物たちにとって、原子やハリー・ポッターのようなキャラクターが存在する意味の場が存在すると主張することは困難であるが、「その死が(動物にとっても人間にとっても)「意味の場」に差し入れられることがほとんどできないとしても、食肉処理場での死の存在を排除することは(倫理的な観点からも)問題なのである」(Intro. 54-55)。「意味の場は、環境の中にあり、頭の中にはない。それはアフォーダンスの中にあり、概念の中にはない」(Intro. 55)のである。

フェラーリスの新実在論の以上の五点の特徴に加えて、さらにもう一点、とりわけ重要なフェラーリスの「ドキュメンタリティの理論としての社会的存在論(social ontology)」について、最後に見ておきたい。

6　ドキュメンタリティの理論としての社会的存在論

フェラーリスは、もともと解釈学のガダマーや脱構築の思想家デリダの影響のもとで思想形成を行ってきたが、先にも見たように「存在が言語である」というガダマーや、「テクストの外には何もない」というデリダに納得がいかなかった。ガダマーは「理解されることが出来るのは言語である」と言うが、フェラーリスは「あそこにあるヴェズーヴィオ山は言語であろうか」（Intro. 4）と疑問を投げかけ、「私の師デリダが「テクストの外には何もない」と書いたとき、彼は、心臓の鼓動や息継ぎも社会的に構築されているということを意味していた。そのようなテーゼは、行き過ぎである」（Intro. 7）と批判した。このガダマーとデリダの構築主義は、カントの「概念なしの直観は盲目である」という構築主義（constructivism）とともに、その適用領域を限定しなければならないというのが、フェラーリスの考えであり、彼の新実在論の根本的なテーゼである。[14]

フェラーリスは、認識の諸対象の領域を三つに区別する。（a）主観から独立して空間と時間のなかに実在する自然的対象（natural objects）、（b）主観に依存して空間と時間のなかに実在する「結婚」や「葬儀」、「株式市場」や「民主主義」のような社会的対象（social objects）、（c）主観から独立して空間と時間の外に実在する「数」や「定理」のような観念的対象（ideal objects）である。[15] フェラーリスは、この観念的対象を世界の外にある永遠の対象であって、プラトンのイデア的存在と考えているが、ここでは触れずにおいて、自然的対象と社会的対象の認識論的そして存在論的特徴についてのフェラーリスの考えを述べることにする。

自然的対象については、認識論は「認識から独立して存在している何かを単に認めることによって、純粋に再構築的（reconstructive）な機能を果たす」（Mani. 59）のに対し、社会的対象については、認識論は「知識のある量が社会的世界のなかで生きるために必要であるという意味と、社会的世界においては、新しい対象は、純粋に承認的（自然的対象についてそうであるように）ではなくパーフォマティブである操作によって（例えば立法的な活動を通して）産み出されることが明らかであるという意味で、構成的（constitutive）な価値を持っている」（同前）のであり、社会的対象は人間による構築によって生み出されるのである。

フェラーリスは、デリダの強いテクスト主義「テクストの外には何もない」（デリダの『グラマトロジー』では、Il n'y a pas de hors-texte. であるが、フェラーリスは、文字通り There is no outside-text. と解するのではなく、There is nothing outside the text. と解していると注〈Mani. 96〉で断っている）を、弱いテクスト主義「テクストの外には社会的な何もない」へと代えて、穏健な構築主義を展開する。自然的世界はテクストに依存せずに存在しているが、社会的世界はテクストなしには、ライティング（エクリチュール）なしには存在しないと言うのである。社会的対象は、文書によって、ドキュメントによって構成されていると言うのである。フェラーリスは、ここに実在論者と構築主義者の「永遠平和条約」が成立すると宣言する。自然的対象については構築主義は成立しないが、社会的対象においては構築主義のもとにあるとの棲み分けが成立していると言うのである。

フェラーリスは、ここでマルクスの『フォイエルバッハに関するテーゼ』第一テーゼの「フォイエルバッハは、思惟対象から実在的に区別された感覚的な対象を欲する、しかし彼は、人間の活動性それ自身を客観的な活動性として考えない」の重要性を指摘する。フェラーリスの考えでは、社会的対象を構成するのは、「対象＝刻み込まれた行為（Object=Inscribed Act）」である。すなわち「社会的対象は、紙の一片に、あるいはコンピュータ・ファイルに、あるいはその行為のなかに含まれる人々の心の中だけであっても記録されることによって記述された社会的活動（少なくとも二人の人、あるいは、権限を委任された機械と人を含むような）の結果である」（Mani. 55）。そこでフェラーリスは、ドキュメンタリティ、すなわち少なくとも二人の人、あるいは人とコンピュータのような機械の間で交わされる行為の記録が社会的対象を構成すると見る。

フェラーリスは、ドキュメントとしての社会的対象を「強い意味のドキュメント」と「弱い意味のドキュメント」に分ける。前者は、オースティンの約束や命名などの行為遂行的（performative）なドキュメント（働きの構成）であり、後者は例えば「被告にとってアリバイとして認められる期限切れのチケット」（Intro. 65）のような単に事実確認的（constative）なドキュメント（事実の記録）である。

社会は、ポストモダニズムが言うような液状で儚い存在ではなく、ドキュメンタリティという刻印として客観性の次元に接近する固定性をもっている。「社会は、机や椅子よりもよりしばしば堅固でありえ、我々の生活のすべての幸福と不幸が依存する契約、賭け、貨幣、パスポートなどのような対象から作られている」（Mani. 56）のである。

社会的対象の構築については、ジョン・サールが人間の「集合的な志向性（collective intentionality）」

によって、「XはCにおいてYと見なされる」（物理的な対象Xは、文脈Cにおいて社会的対象Yと見なされる）との構成的規則を主張したが、フェラーリスは、このサールの社会理論は、二つの限界があると批判する。第一に、「複雑な社会的対象（株式会社のような）あるいは物理的な基礎を欠いた存在（負債のような）を説明することが出来るように見えない」（Intro. 70）し、第二に、物理的なものを社会的なものに変えるためにミステリアスな「集合的な志向性」に依存させている。それに対して、フェラーリスのドキュメンタリティの規則によるならば、「非公式の約束からビジネスと負債や権利といったまったく非物理的な存在まで社会的な対象全体を説明することは非常に容易である」（Intro. 71）。なぜなら、これらのすべてのケースにおいては、「それが人間の記憶のみであるとしても、ある支えに記録されるという本質的な性格を持っているある行為（身振り、発話あるいはライティングの行為からなることができる）をする少なくとも二人の人の存在」（同前）によって保証される構造があるからである。ドキュメントを作り出すためには、少なくとも二人の人が存在しなければならない。もし一人であれば、いかなるドキュメントも生じることはなく、したがって社会は存在しえない。

マーシャル・マクルーハンは、オングが『声の文化と文字の文化』において電話、ラジオ、テレビ、IT機器などの電気的技術によるコミュニケーションを「二次的な声の文化」と特性づけたのを承けて、文字の文化の消滅、活字印刷の文化、文字の文化の声の文化への転換、「グーテンベルク銀河系の終焉」を予測したが、フェラーリスは、確かにこのマクルーハンの予測通り「電話やテレビでいっぱいの時期である前世紀の中期においては、現実にライティングの終焉が事実であると信じることも出来た」かもしれないが、しかし「事態はライティングのブームの方へまったく反対の方向に進んだということが今や事実である」と批判する。「タイプライターのキーは、携帯電話――すなわち絶対的な話す機械――に現れ、決してなくなることはなかった」(Intro. 62) のである。われわれは、今や一日中、書いているのである。そして「我々が読んだり書いたりしない稀な時には、我々は記録(写真を撮ったり、ビデオを撮ったり、メモを取ったり) している」(同前) のである。

7　フェラーリスの実在論

以上見てきたフェラーリスの新実在論は、認識論と存在論との区別、感覚知覚経験の修正不可能性、自然的対象についての構築主義批判、概念的スキームや知覚機構を越えて諸事物が互いに抵抗しあい誘発(アフォーダンス) しあっているという相互作用論、ドキュメンタリティの理論としての社会的存在論などからなっているが、この実在論は、感覚知覚理論において素朴実在論の立場をとっている。

フェラーリスは、パオロ・ボッツィ (Paolo Bozzi) の「素朴物理学 (naive physics)」の立場をとり、「世界は、科学的に真であるという根拠を必ずしも要求することなく、われわれに実在的なものと提示される」(Intro. 40) のであり、この実在論は、「われわれから独立の秩序づけられた意味を持つ世界を想定する形而上学的な実在論とは無関係である」[16] と言う。すなわち、この実在論の素朴さとは、経験の理論であって、経験としての現象を救うことであり、トマス・リードの常識哲学に属するものであって、科学的実在論や形而上学的な実在論ではないのである。

したがってフェラーリスの新実在論は、ヒラリー・パトナムが形而上学的実在論から内的実在論

(internal realism) を経て最後に行きついた「自然な実在論 (natural realism)」の立場と相似している。パトナムにおいて形而上学的実在論は、「唯一の世界」とその世界を写しとる「唯一の正しい理論 (真理)」を想定しており、これに対して内的実在論は、「複数の「世界ヴァージョン」と、そのヴァージョンの内部でのみ意味をもつ「実在」と「真理」の概念」[17]を認める立場である。この二つの立場を否定してパトナムが行きついた自然な実在論では、知覚の対象は実在そのものである。知覚の対象は、デカルトやロック、ヒュームなどの近代の哲学者たちが想定していた観念や印象、センスデータといった心的表象を介在させない対象であって、「「外部にある」事物だと主張する。あるいはより一般的に、こうした対象は「外部にある」実在のアスペクトだと主張する」[18]。心が外的世界を知覚するのに、表象などの境界面(インターフェイス)は必要ではなく、心は直接的に外的世界を知覚するのである。この立場は、「キャベツや王様などの「外部にある」事物が経験され、う、る、と主張する」[19]のであり、「われわれは知覚において自分の周囲の環境と直接的に接触している」[20]のである。

フェラーリスの新実在論は、このパトナムの自然な実在論と相似しているが、その力点は、知覚経験の抵抗、その修正不可能性にある。われわれの知識や概念的スキームに抵抗し、我々の存在から独立した感覚で捉えられる世界それ自身の実在を強調する。「我々の期待に反する世界の抵抗と、世界が我々に保持する意外性 (surprises) は、どんな認識論的な構築からも独立した存在論的な実在性があると証明する優れた議論であるように見える。要するに、我々は親密に脱構築的な実在性のなかに住んでいるので、私は実在論よりもより一層脱構築的な何ものも存在しないと信じている」(Intro. 10) というのがフェラーリスの実在論の立場である。実在は我々の認識を否定的に脱構築すると言うのである。

修正不可能性は、身体（それは外的世界の一部である）との関係ではなく心との関係で、そしてより特殊には我々が世界をそれでもって説明し解釈しようとする概念的スキームとの関係で、我々に外的世界の実在について教えてくれる。……修正不可能性は、抵抗、対照の現象としてまず第一に表れる。私は、認識に関するこの世界におけるすべての諸理論を抱くことが出来る。私は原子論者、バークリ主義者、ポストモダニスト、認知主義者であることが出来るし、素朴実在論者とともに知覚されるものが真の世界であると考えることが出来るし、またヴェーダンタ理論とともに知覚される世界が虚偽の世界であると考えることが出来る。事実は、我々が知覚するのは、修正不可能であるということ、それは訂正されることができないということである。太陽の光はもし太陽が上がってくれれば目をくらませるし、コーヒーポットの取っ手は、もし我々がそれを火の上に置けば、熱い。これらの事実に反対するいかなる解釈もない。唯一の選択肢は、サングラスであり、取っ手つまみである。(Mani. 35)

パトナムは、デカルトやロックなどの近代哲学において想定されてきた知覚が外的世界の因果的な作用によって生じるという「知覚の因果説」にも反対するが、フェラーリスは、「思惟から独立した実在の部分が存在しているだけではなく、これらの部分がまた思惟と人間的世界に因果的に働くことが出来る」(Intro. 12) と言って、「知覚の因果説」を積極的に認めている。「もし実在論者が主観に依存しない世界の部分が存在するということを主張する者であれば、新実在論者はより一層挑戦的な何かを主張する。コギトから独立に世界の多くの部分があるだけではなく、それらの部分は本来的に構造化されており、したがって動物と同様人間の行動や思考を方向付ける」（Intro. 37）と言うのである。外的世界は、我々に先行して構造化されて存在し、抵抗し、相互作用し、修正不可能な仕方で因果的に作用するのである。「世界の事物は、我々に因果的に（したがって先行存在し、抵抗し、相互作用する仕方で、そして修正不可能な仕方で）作用する。そして我々はその場合世界の中の事物である」（Intro. 124）。

以上我々は、フェラーリスの新実在論の概要を見てきたが、実在論としていずれも重要な視点を含んだ存在論であって、我々の実在論構築の作業において依拠すべき多くの内容を有すると言えるであろう。

注

（1）Maurizio Ferraris, *Introduction to New Realism*, translated by Sarah De Sanctis, with a Foreword by Iain Hamilton Grant, Bloomsbury, 2015, p.2, Maurizio Ferraris, *Manifesto of New Realism*, translated by Sarah De Sanctis, State University of New York Press, 2014, p.xiii　これらの本からの引用は、本文中に、前者はIntro. 後者はMani. の後にアラビア数字でその頁数を記す。因みに、前者の核となる部分は、マウリツィオ・フェラーリス「新しい実在論――ショート・イントロダクション（1）」清水一浩訳、『現代思想』二〇一八年一〇号臨時増刊号、一七七～一九九頁と内容的に重なっている。

（2）Markus Gabriel, *Warum es die Welt nicht gibt*, Berlin : Ullstein , 2015, S.10　マルクス・ガブリエル『なぜ世界は存在しないのか』清水一浩訳、講談社選書メチエ、二〇一八年、八～九頁。

（3）Markus Gabriel, *op.cit*, S.9-10、マルクス・ガブリエル、前掲書、八頁。

（4）Friedrich Nietzsche. *Der Wille zur Machat, Versuch einer Umwertung aller Werte*, Sämtliche Werke in Kröners Taschenausgabe, 9　ニーチェ『権力への意志』（下）原佑訳、ちくま学芸文庫、二〇〇六年、断章四八一。

（5）ニーチェ、前掲書、断章四九三。

（6）同前、断章五〇七。

（7）Michel Foucault, *Histoire de la sexualité, 1, La volonté de savoir*, Éditions Gallimard, 1976, pp.150-151　ミシェル・フーコー『性の歴史1　知への意志』渡辺守章訳、新潮社、一九八六年、一四六頁。

（8）カント『純粋理性批判』（上）篠田英雄訳、岩波文庫、二二八頁、B180

（9）カント『純粋理性批判』（上）、前掲書、六四頁、B8-9

（10）ニーチェ『権力への意志』断章一〇六七。但し、訳文はフェラーリスの英訳テキストを訳したもの。

（11）Jacques Derrida, *D'un ton apocalyptique adopté naguère en philosophie*, Edition Galilée, 1983　ジャック・デリダ『哲学における最近の黙示録的語調について』白井健三郎訳、朝日出版社、一九八四年。

（12）ジャック・デリダ、前掲書、九七頁。

（13）ミシェル・フーコー『ミシェル・フーコー講義集成12　コレージュ・ド・フランス講義一九八二－一九八三年度　自己と他者の統治』阿部崇訳、筑摩書房、二〇一〇年、二六～二七頁。

（14）カント、前掲書、一二四頁、B.75

（15）*Introduction to New Realism*, p.49では、「空間の外と時間の中に実在する」となっているが、*Manifesto of New Realism*, p.52では、「空間と時間の外」となっているし、Maurizio Ferraris, *Documentality. Why It Is Necessary to Leave Traces*, Translated by Richard Davis, Fordham University Press New York, 2013で

は p.2, p.33, p.38 その他で「空間と時間の外に存在し主観から独立である観念的な対象」とされており、*Introduction to New Realism* の記述は誤記である。

（16）Maurizio Ferraris, 'Why Perception Matters', *Phenomenology and Mind* 4, 2013, p.43, http://www.phenomenologyandmind.eu/wp-content/uploads/2013/07/a4_pam-n4_25_07.pdf

（17）ヒラリー・パトナム『心・身体・世界――三つの撚りの綱／自然な実在論』野本和幸監訳、関口浩喜・渡辺大地・入江さつき・岩沢宏和訳、法政大学出版局、二〇〇五年、関口浩喜「解説」二七一頁。Hilary Putnam, *The Threefold Cord, Mind, Body, and World*, Columbia University Press, 1999

（18）パトナム、前掲書、一四頁。

（19）パトナム、前掲書、二九頁。

（20）パトナム、前掲書、六三頁。

第7章　マルクス・ガブリエルの「新しい実在論」

マルクス・ガブリエルの『なぜ世界は存在しないのか』[1]は、本国ドイツにおいてベストセラーになって一躍世界の哲学界で有名になり、日本においても二〇一八年にガブリエル本人がNHKテレビの特集番組に登場して注目されている。本書の基本思想は、「世界は存在しない」ということと、「新しい実在論（der Neue Realismus）」[2]である。世界は存在しないという「無世界論（no-world-view）」[3]と、世界以外のものはすべて存在するという「新しい実在論的存在論（a new realist ontology）」[4]からなっている。

前章「マウリツィオ・フェラーリスの新実在論」でも触れたように、「新しい実在論」という呼称は、ガブリエルとフェラーリスが二〇一一年六月にナポリで会ったときに出た言葉であるが、両者はともにこの言葉を使用しながらもその言葉に込めた内容は、実在論という点で一致があるとしても、それぞれの色合いによって異なっている。そして、メイヤスーやハーマンなどの思弁的思考の流れについても、二〇一二年七月にボン大学で持たれたガブリエル主催の「新しい実在論のための展望」と題する国際会議において、グレアム・ハーマン、イアン・ハミルトン・グラント、レイ・ブラシエが参加して交流をしており、ガブリエルの『意味の場――新しい実在論的存在論』は、二〇一五年にエジンバラ大学出版会からハーマンが編集長を務める「思弁的実在論シリーズ」の中の一書として、ハーマンの序文が冠されて出版されたが、思弁的思考の流れとの違いはもちろん大きい。それでも、ガブリエルは、『意味の場』での自身の序文のなかで、「メイヤスーの『有限性の後で』、トマス・ネーゲルの *Mind and Cosmos: why the materialist neo-Darwinian conception of nature is almost certainly false*、ボゴシアンの *Fear of Knowledge: Against Relativism and Constructivism*、マウリツィオ・フェラーリスの *Goodbye Kant!* とともに、『なぜ世界は存在しないのか』は、「新しい実在論」の表題のもとにドイツの現代哲学における実在論論争のリニューアルに導いた。これに関連して、私はマウリツィオ・フェラーリスへの私の感謝を表したい。彼は、イタリア、フランス、ドイツで新しい実在論によって展開されている、現代哲学における大転換について考えるように勧めてくれた」(FS. xi-xii) と記している。

ガブリエルの二つの基本思想である「世界は存在しない」という無世界論と「新しい実在論」は、内的に堅く結びついている。我々はその内容を見ていくことにしたい。そこでどちらから始めるかであるが、「存在する」とはいかなることかを明らかにするガブリエルの新しい実在論からはじめ、次に「なぜ世界は存在しないのか」を見ていくことにしたい。

1　新しい実在論――「意味の場の存在論」(5)

ガブリエルは、彼の「新しい実在論」の説明として、次の例から説き起こす。

> アストリートさんがソレントにいてヴェズーヴィオ山を見ているちょうどそのときに、わたしたち（わたしとあなた）はナポリからヴェズーヴィオ山を見ているとすると、形而上学の主張によれば、現実の対象はたったひとつのヴェズーヴィオ山になるが、他方、構築主義によれば、現実の対象などは存在せず、在るのはアストリートさんにとってのヴェズーヴィオ山（アストリートさんの視点（パースペクティヴ））と、わたしのヴェズーヴィオ山（わたしの視点）、そしてあなたのヴェズーヴィオ山（あなたの視点）でしかない。これに対して私の新しい実在論では、これら四つの対象すべてが同じ権利によって存在している。（マルクス・ガブリエル『なぜ世界は存在しないのか』一三〜一五頁を要約）

「新しい実在論が想定するのは、わたしたちの思考対象となるさまざまな事実が現実に存在しているのはもちろん、それと同じ権利で、それらの事実についてのわたしたちの思考も現実に存在している、ということ」(15)である。すなわち、わたしたちの思考対象の存在と同様に、その思考対象についてのわたしたちの思考も同じ権利で存在しているということである。通常、実在論は、観念論が意識や思考から独立の存在の実在を認めないのに対して、意識や思考から独立した存在を認めるが、ガブリエルの「新しい実在論」は、意識から独立の存在とともに、心の存在、意識や思考の存在も認めるのである。その点で、ガブリエルは、心の存在を認めない科学主義的な唯物論に反対する。

新しい実在論においては、社会的存在である「ドイツ連邦共和国も、未来も、数も、わたしの見るさまざまな夢も、どれも存在している」(16)し、単に「想像されているものも存在している」(132)。ただそれらは、宇宙のなかに現れるとか、物理的・物質的な対象として現れているというわけではないのであり、社会的な領域において、時間的世界や、数学的世界、夢の世界、想像の世界において存在しているということである。ハリー・ポッターのような数多くの「虚構のキャラクターたち」(133)も小説のなかに存在し、魔女のような存在も『ファウスト』や「初期近代の魔女狩り実行者のもっていた表象体系」(同前)のなかに存在するのである。

したがって、あらゆるものが存在するし、一角獣や妖精、魔女などのような「存在しないものも、すべて存在している」(25)のである。しかし、「それらのすべてが同じ領域のなかに存在している」のではなく、物語や「メルヒェン、妄想、精神病院」(同前)のなかに存在しているのである。

たとえばわたしは今、「居間」にいるが、「太陽系の第三惑星」にも存在している。しかし、この「居間と惑星は、けっして同じ対象領域(Gegenstandsbereich)には属していない」(39)。居間は、わたしたちの生活空間という対象領域に存在し、惑星は物理学の対象領域に存在している。対象領域とは、「特定の種類の諸対象を包摂する領域のこと」(同前)であり、そのさい、「それぞれの対象領域に何が属するかは、それぞれに特定の規則・法則によって定められる」(40)のである。居間は、それを構成する調度や家具などの物体としての組成が問題になるときは物理学の対象領域に属するが、日常生活の領域では物理学は問題とならず、物理学の対象領域には属さない。

ガブリエルは、この対象領域もそれ自身対象であり、それを包摂する対象領域が存在すると考えているが、この「対象領域」の代わりに「意味の場(Sinnfeld)」の方が彼の実在論を適切に説明することができる概念であると考える。「存在すること＝何らかの意味の場のなかに現れること」（97）、これがガブリエルの新しい実在論の原則、「意味の場の存在論の原則（Grundsatz der Sinnfeldontologie）」ということになる。「対象領域」よりも「意味の場」の概念の方を採用するというのは、「対象領域は、互いにはっきり区別された多数の加算的な対象からなっている」のに対し、「意味の場は、曖昧であったり、多彩であったり、相対的に規定不足であったりすることがありえる」（99）からであり、「意味の場は、加算的な対象の集まりという意味での対象領域や、数学的に記述できる集合といういっそう精密な意味での対象領域として姿を現すこともありえるが、捉えどころのない多彩な表情をもつさまざまな現象からなることもありえる。このようなことは、対象領域にも集合にも当てはまらない」（100）からであるとガブリエルは言う。

ガブリエルは「場」の概念によって「領域」の概念に代える理由を、『意味の場』では次のように説明している。

諸々の場は一般的には構築されず、それらの力（force）はそこに入る諸対象によって感じられる。たとえば電場（electric field）は、そこに入る物体によって感応されることができる。我々は、その場と相互作用する時にある諸性質を表示する事物を使用することによって電場を見つけることができる。電場は客観的な構造を提供し、そのなかに現れる諸対象と相互作用する。電場はすでにそこにあり、諸対象はそれを通り抜け、その諸性質を変化させることができる。諸々の場は地平でもパースペクティヴでもない。それらは、諸事物がいかにあるかを我々がどのようにして知ることができるかを説明するために導入された認識論的な存在物や対象ではない。諸々の場は、それらなしにはいかなるものも存在することができないということにおいて、事物がいかにあるかということの本質的な部分である。(SF. 157-158)

『なぜ世界は存在しないのか』においても、対象領域ではなく意味の場が問題になる理由として、磁場について次のように言及して、対象領域にはない意味の場の性格を説明している。

対象領域は、そこに立ち現れてくるのが何なのかを問わない傾向にある。ブルックリンのどこかにある家を考えてみよう。この家についてわかっているのは、七つの部屋があるということだけである。この七つの部屋が対象領域である。いずれの部屋にも、いかなる違いもない。いずれの部屋も、なかに何があろうと、部屋であることに変わりはない。空っぽの部屋であっても、やはり部屋には違いはない。これにたいして意味の場は、そこに現象する対象の配置や秩序なしには理解することができない。それは磁場のようなものである。磁場は眼で見るには、当の磁場に特定の対象が分布して、磁場の形を描き出してくれなければならない。それと同じように意味の場も、そこに現象する対象によって規定される。意味の場と、そこに現象する対象とは、互いに欠かすことができない。対象も、意味の場の意味に分かちがたく結びついているのである。(127)

こうしてガブリエルは、「存在すること=何らかの意味の場のなかに現れること」(97)であると主張する。「意味の場の外部には、対象も事実も存在しない。存在するものは、すべて何らかの意味の場のなかに現象する」(103) のである。ガブリエルは、ラテン語の existere（存在する）は、「「前に立つ（to stand forth）」を意味し、「現れる（to appear）」、「場面に入る（to enter the scene）」を意味する」(SF.166) と言い、存在することは或る意味の場に現れることであると言う。したがって、「場とは存在するもの、場から際立つものの背景（background）」（同前）であり、意味の場とはこの背景にほかならない。「いずれの対象も、何らかの背景（Hintergrund）の前に現れなければならない。背景なしには、どんな対象も存在することができない」(120) のである。

ガブリエルは、カントが「存在は、明らかにいかなる実在的な述語でもない（Sein ist offenbar kein reales Prädikat.)、すなわち物の概念に付け加わるような何か或る概念ではない」（カント『純粋理性批判』A.598, B.626）と論じた点に注目し、「存在は固有の性質（proper property）ではない」(FS. 43) とするのである。カントにおいては、「存在が固有の性質ではなくむしろ世界の性質」(FS.74) であり、「世界は場として、可能的な経験の場」(FS. 73) として考えられているのであるが、ガブリエルは、「世界とは、物の総体でも事実の総体でもなく、存在するすべての領域がそのなかに現れてくる領域のこと」(69) であるとし、「存在とは、世界や意味の場のなかにある対象の性質ではなく、むしろ意味の場の性質にほかならないということ、つまり、その意味の場に何かが現象しているということ」(105) であると論じるのである。これが、ガブリエルの「存在しているのは、無限に数多くの意味の場だけである」(106) という「意味の場の存在論」である。

2　なぜ世界は存在しないのか――形而上学の不可能性

以上の「意味の場の存在論」によると、「なぜ世界は存在しないのか」がよくわかる。意味の場の存在論は、無世界論、世界の存在の否定を含んでいる。なぜなら、存在することはある意味の場に現れることであるので、もし世界が存在するなら、そのための意味の場が存在しなければならないが、その意味の場が存在するためには、別の意味の場が必要になり、無限に遡及することになって、すべてを包摂する全体としての世界は存在しえないからである。

世界とは、「わたしたちとは無関係に、たんにそのものとして存在しているすべてのもの、わたしたちを取り囲んでいるすべてのものの領域である」(17)と考えられるが、それは、「すべてを包摂する領域、すべての領域の領域」(18)であり、すべてを含む全体としての世界である。しかしこのような世界が存在するためには、その世界を含む領域、意味の場が存在しなければならないが、そこに存在する世界は、それに含まれない意味の場があり、したがってすべてを含む全体そのもの、世界ではないのである。「世界とは、すべての意味の場の意味の場、それ以外のいっさいの意味の場がそのなかに現象している意味の場である」(109)。したがって、存在するいっさいのものは、世界の中に存在していることになるが、世界そのものは、存在しないのである。世界は、背景でしかないのである。

すべてを包摂する全体とは、宇宙であると思われるかもしれないが、宇宙は世界ではない。「宇宙はもっぱら自然科学の――とりわけ物理学の――対象領域にすぎないからである。……宇宙とは、何よりも、自然科学の方法にしたがって実験によって研究することのできるすべてのものがその中に現れるものにほかならない」(41-42) からである。前節でも触れたように、国家などの社会的存在や、数学的世界、夢の世界、想像の世界なども存在するのであるが、これらは宇宙には含まれていないのである。したがってガブリエルは、宇宙のみが、物質のみが存在するという科学主義 (Szientismus) や自然主義 (Naturalismus)、そして唯物論 (Materialismus) に反対する。ただ、ガブリエルは「自然科学は、およそ現実いっさいの基層――ほかならぬ世界それ自体――を認識する」、他の学問は「自然科学の認識に還元されなければならない。あるいは、いずれにせよ自然科学の認識を尺度としなければならない」(150) と唱える科学主義には反対するが、それだからと言って、科学の意義を認めない反科学主義者ではない。「科学の進歩は、医学上の進歩や、調理技術の進歩、経済的進歩、そればかりか政治的進歩さえもたらす」(同前) からであり、「現代の科学的知識と技術的手段をもった歯科医に看てもらう方が、プラトンの歯科医に看てもらうよりも明らかによい」(148) からである。科学の領域においては、近代科学は飛躍的な進歩を遂げてきたことを否定できないし歓迎すべきである。また科学は、確かな認識方法論、「先入観なしに考える」(151) ということ、科学的認識は、「科学的方法を身につけさえすれば、誰もが追考して再検討することのできる認識である」(同前) ということであり、まさに「民主主義的な企図」、「万人の平等が前提」になっていること、「科学は、原則的に万人の共有財産」(同前) であるということも評価すべきなのである。しかし、だからと言って、自然科学のみを評価し、それ以外の領域を否定し無視する科学主義は、間違っているのである。「学問の進歩は、自然科学の進歩とまったく同じことではなく、社会学、哲学の進歩もある。スケートボード技術の進歩もある」（150）のである。科学を世界像と結びつけることが間違っているのである。

ガブリエルの「新しい実在論」は、「意味の場の存在論」であり、無世界論、「世界は存在しない」ということである。したがって存在しない「世界」を対象とするいかなる世界像、世界観も成立しえない。それらは、存在しないものについて論じていることになるからである。この存在しない世界全体についての理論を展開しようとするのが、形而上学（Metaphysik）である。

ガブリエルは、存在論（Ontologie）と形而上学を分ける。存在論とは、「存在しているとはどのようなことか、「存在」という言葉は何を意味しているのかという問いにたいして、体系的に答えようとする理論」（76）のことであるのに対し、形而上学とは、「世界とは何なのか、「世界」という言葉は何を意味しているのかという問いにたいして、体系的に答えようとする理論」（同前）のことであり、したがって存在論が世界の存在を必ずしも前提にしていないのに対して、形而上学は世界の存在を前提としている。形而上学は、その言葉の意味の通り、自然的な世界を越えた根源的な存在や世界について論じる多様な形態をとるが、「すべての形而上学理論はほぼ間違いなく、少なくとも、存在するすべてのものがその領域に共存するという事実によって統一される世界、統一された全体的な実在がある」（FS. 6）ということを前提している。ガブリエルの新しい実在論は、この世界の存在を認めないことによって、形而上学の成立を否定する。世界は存在しないゆえに、世界を考察対象とする形而上学は存在しえないのである。ガブリエルは、ハイデガーがギリシアに始まる西洋の形而上学が「存在（Sein）」を問うのではなく、「存在者（Seiende）」を問う「存在神学（Ontotheologie）」に陥っていると批判し、存在そのものを問うことこそを求めたのと同様に、「形而上学（制限されない全体性、世界としての世界の理論）と存在論（「存在」の意味への体系的な探究）との結合」（FS. 22）を批判し否定する。ガブリエルの意味の場の存在論からすると、世界は存在しないので、世界を対象とする形而上学は成り立たず、したがって存在論と形而上学を結合する存在神学は間違っているのである。科学主義や自然主義、そして唯物論も、特定の存在の領域を「世界」へと拡大する形而上学、存在神学にほかならないのである。

以上、「世界はなぜ存在しないのか」の理由がガブリエルの「意味の場の存在論」から導出されることが分かったであろう。そして世界の存在を前提し、それについての全体的な体系的な理論を展開しようとする形而上学が成り立たないことの理由が分かったであろう。しかし、それには意味の場の存在論について、さらにその内容を検討する必要があるように思える。なぜなら、そこで言われている「意味（Sinn, sense）」とはどのようなことかを押さえておく必要があるからである。

3　「意味」とは何か

ガブリエルの「意味の場の存在論」の「意味」は、ゴットロープ・フレーゲの意味（Sinn）から来ている。フレーゲは、「意味（ジン）と意義（ベドイトゥング）について」(6)において、三角形の各頂点と向かい合う辺の中点を結ぶ三つの直線をａ、ｂ、ｃとした場合に、ａとｂの交点はｂとｃの交点と同じであるが、ここからこの同じ点に対して「ａとｂの交点」と「ｂとｃの交点」という二つの相異なる表示（名前）

をもつことになること、この二つの相異なる表示は、「表示されたものの与えられ方（die Art des Gegebenseins des Bezeichneten）」を示しているとした上で、記号について次のように総括している。

今や明白なことであるが、記号（名前・語結合・文字）には、記号によって指示されるもの——これは記号の意義（Bedeutung）と呼ぶことができる——のほかに、なお私が記号の意味（Sinn）と名付けようと思っているもの——ここにはものの与えられ方が含まれている——が結びついていると考えられる。これによると、われわれの例においては、確かに、「ａとｂの交点」という表現の意義と「ｂとｃの交点」という表現の意義は同じであるが、しかしそれらの意味は同じではないであろう。「宵の明星」と「明けの明星」の意義は同じであるが、意味は同じではないであろう。（フレーゲ、前掲書、三四頁）

「明けの明星」と「宵の明星」は、同じ対象「金星」を指示するが、その意味は異なるのである。意義が「指示する対象そのもの」であるのに対し、意味は「指示される対象の与えられ方」であり、その与えられ方は、対象ほど客観的ではないとしても「表象」のようにまったくの主観的なものではなく、対象と表象の中間的なものであるとフレーゲは言って、次のようなアナロジーでこの三者の違いを説明している。

いま誰かが望遠鏡で月を観察しているものとする。私は月そのものを意義に喩える。月は観察

> の対象であるが、観察は一般に、望遠鏡の内側にある対物レンズによって投射される実像と観察者の網膜像によって媒介されるものである。実像を私は意味に喩え、網膜像を表象ないし直観に喩える。望遠鏡の内側にある像はなるほど一面的であり、観察が行われる場所によって異なるが、しかしその像は、多くの観察者が見ることができるといういみにおいてやはり客観的である。いずれにせよ、多くの人々が同時に利用できるように手はずを整えることができるのである。しかし網膜像に関しては、各人はやはり自分自身の網膜像をもつであろう。（フレーゲ、前掲書、三八頁）

ガブリエルは、以上のフレーゲの「意味（ジン）」と「意義（ベドイトゥング）」の区別を、「意味」と「対象」の区別に対応させている。我々が最初に見たように、ガブリエルの新しい実在論は、ヴェズーヴィオ山そのものの存在と同時に、その複数のパースペクティヴの存在をも認めるのである。しかもそのパースペクティヴは、まったくの主観的なものではなく、客観的なものとして認めるのである。意味は、対象の与えられ方として客観的なのである。ガブリエルは、「「与えられ方」としての意味も、それとして存在している……つまり、意味もひとつの対象だということである」(252) と言う。与えられ方としての意味もまた対象として、意味の場に存在しているのである。

こうしてガブリエルは、意味についてのフレーゲの読みから、意味が「第一に、問題になっている対象がどのような種類のものであれ、対象と結びつけられた現れの客観的な様式であり、第二に、対象の諸性質（properties）であり、対象を見る仕方ではない。私の読みでは、フレーゲにおいてさえ、意味の理論は、第一義的には存在論に位置づけられており、存在の意味（meaning）の再構築に属している」（FS. 12）と、「意味」を実在論的に理解する。パースペクティヴは意味であり、それは主観的なものではなく、客観的なものなのである。ガブリエルの次の主張は、彼の実在論の内容を我々により明確に示してくれる。

私の立場は、対象が、誰かがその対象についての事実に気づくかどうかに関係なく、それについて客観的に成り立つ記述によって個別化されるということである。おおざっぱに言えば、意味は、実在の付属品の一部である。だから実在はそれによってなぜかゆがめられることなく我々に現れることが出来るのである。星が我々の神経生物学的な地球に縛られた標準状態の下でここからごく小さな点のように見えるということは、我々に事物が実際にどのようにあるかを告げているのであり、単に我々にそれらがどのように見えるかについて何かを告げているのではない。これは客観的な光学法則がありうることの理由であり、我々がなぜ「見知らぬ主観性（alien subjectivity）」への信仰の跳躍をする必要なしに他の種の感覚的装置を研究することが出来るかの理由である。（FS. 13）

この最後の部分は、マウリツィオ・フェラーリスの「人間や犬、虫、植物、あるいはスリッパも含めた様々な存在が、表象やスキームを彼らが共有していることとは無関係に、互いに相互作用することが出来る」し、「この相互作用はそれが共有する世界において生じる（神的な介入に訴えることによってよりもこのようにしてそれを説明する方がはるかに容易である）ゆえに可能である」[7]という洞察と通底している。

４　実在と現象の区分を否定

ガブリエルの新しい実在論は、タレスに始まるギリシア哲学以来の、感覚で捉えられた「現象の世界」とその背後にあってそれを超越した「真の実在の世界」の区別を廃止し、現象の世界も実在の世界もそれぞれそれ自体存在すると主張する。異なった意味の場においてであるが、同じようにそれぞれの意味の場において存在するのである。

古い形而上学は、現象の世界を否定し、真の実在の世界のみの存在を認め、構築主義は、真の実在の世界なるものを否定し、現象の世界のみを認める。先のヴェズーヴィオ山の例で言えば、①ヴェズーヴィオ山、②ソレントから見られているヴェズーヴィオ山（アストリートさんの視点（パースペクティヴ））、③ナポリから見られているヴェズーヴィオ山（あなたの視点）、④ナポリから見られているヴェズーヴィオ山（わたしの視点）について、形而上学は、①のみを存在と認めるが、ポストモダニズムの構築主義は、①を否定し、②③④を存在と認めるのである。これに対して、ガブリエルの新しい実在論は、これら四つのすべての存在を認めるのである。

したがってガブリエルの新しい実在論は、カントの「物自体」と「現象」の世界の区別を否定し、現象それ自体も物自体として存在していると主張する。「人間の存在と認識は集団幻覚ではないし、わたしたちが何らかのイメージ世界ないし概念システムに嵌まり込んでいて、その背後に現実の世界があるというわけではない。むしろ新しい実在論の出発点となるのは、それ自体として存在しているような世界をわたしたちは認識しているのだ、ということである」(13)(強調点は引用者)。新しい実在論は、「物および事実それ自体を認識することができる」(169)と主張し、現象そのものも物自体であると主張するのである。

このようにガブリエルは、現象と実在を乖離させずに、ともに実在と見なすのである。

> 私が現れ(appearance)と実在(reality)を対立させてはいないこと、私がただ現れしかなくていかなる実在もないと主張していないことに注意してほしい。現れは、どこまでも実在的である。たった今、私のコンピュータは、私の居間の意味の場の中に現れており、こうしてそれは存在している。それは私が今日そこにいなくても私の居間の中に現れていたであろう。誰でもがやってきて、それを見ることが出来る。たった今、あらゆる種類の出来事が、誰も観察することがなくあるいは観察する位置にあることがない宇宙のすべての地域に現れている。このことは、これらの出来事が私のコンピュータよりも実在的でないということを意味しない。そうではなくそれらは、何らかの要因によって我々の視界から隠された大きなスケールの永遠に観察されない超新星のように、まったく実在的である。(FS. 168)

観察されているコンピュータも観察されていないコンピュータも、実在している。ガブリエルは、

「現象（appearance）と実在（reality）との間の古典的な一般的な区別、それと関連する空想（fiction）と実在（reality）との一般的区別は、形而上学的な過度な一般化から帰結している。それらは形而上学に関係していて、存在論には関係していない。存在論は、存在することが実在的に存在することであるという考えに関係させられる必要もないしそうされるべきでもない。そこでの「実在的に」という副詞は、何かが架空のものではなくまた単に現象ではないということを強調するために設定されている」（FS. 168）として、現象と実在を区別する形而上学の立場を払拭することの重要性を指摘する。「存在（existence）」、「存在する（exist）」は、実在的（really）に存在することに限定されるものではなく、現象や架空、空想の世界にも成立するものであって、その点で、「実在（reality）／現れ（appearance）の区別は、存在（existence）／非存在（non-existence）の区別と無関係である」（FS. 169）というのがガブリエルの意味の場の存在論なのである。「想像されているものも存在している（existieren）し、想像のうちにだけ対象は存在するのである。感覚の意味の場、物語の意味の場にも存在しているものも多い」（132）し、「存在するということは、何かが宇宙のなかに現れてくること、あるいは物理的・物質的な対象であることに、まず第一に結びついているわけではない」（133）のである。小説のなかには虚構のキャラクターたちが存在するのである。

ガブリエルは、我々の感覚知覚の意味の場において現れる対象は、それ自体、物自体であると考え、その点で、我々が知覚するのは、物自体ではなく心的表象でしかないという「心的表象主義（mentalen Repräsentationalismus）」を批判する。心的表象主義は、我々の感覚知覚の成立を生理学的に説明するアプローチであって、デカルトやジョン・ロックによって唱えられた理論である。ガブリエルは、この理論によると、「自らの身体を取り巻く物理的環境について、わたしたちがもっているいっさいの知識は、わたしたちの末梢神経の刺激によって生じるさまざまな情報を、わたしたち自身が加工することによって得られるものである」(171) と見なす。視覚、聴覚、嗅覚、味覚、触覚によって得られる知覚的世界は、外的世界からの外的感覚器官への物理的な刺激が、電気的刺激に変換されて神経を介して大脳皮質の各感覚野へと伝達され、そこで知覚像へと変換されると説明する。わたしたちが果物鉢に盛られたリンゴを見ているとすると、「光子、つまり電子波が、わたしたちの眼に衝突しているとされる。その電磁波が電気的刺激に変換され、わたしたちの脳のどこかで視覚像を結ぶ。わたしたちの頭蓋冠のしたではすべてがまったく闇のなかにあるが、ともかく電気信号が刺激を生み、わたしたちが大脳皮質の視覚野でそれを像として知覚する。このような像を、哲学者たちは「心的表象」と呼んでいる。そもそもわたしたちが見ているのは、果物鉢に盛られたリンゴではなく、ひとつの心的表象であるというわけである」(同前)。

この理論によると、存在するものは物理的な粒子でしかなく、色や光、音、匂い、味、熱や冷、堅さや軟らかさなどの感覚的諸性質は、外的世界には存在せず、心のなかで生みだされたものであるにすぎないと見なされる。この心的表象主義は、「知覚の表象説 (the representative theory of perception)」あるいは「知覚の表象理論 (the representational theory of perception)」とも呼ばれる。「この理論の基本的考えによれば、我々は物自体への直接的なアクセスを持たない。我々がこのモデルにしたがって直接的なアクセスを持つものは、表象、観念、心的イメージ、あるいは正しい実質的な候補であると想定されている他のすべてのものである。表象への直接的なアクセスを持ち、表象はタイプとしてそれ自身表象ではない何かを表象するという事実により、我々は表象されるものへ間接的なアクセスを持つと想定されている」（FS. 331）のである。デカルトもロックも、心が直接知覚する感覚的諸性質は、それ自身外的世界に存在するものではないが、外的世界の物理的な差異を示すものと見なしているのである。これが、彼らに共通する第一性質と第二性質の理論である。しかし、ガブリエルは、この知覚表象説をとらない。ガブリエルは、この理論は馬鹿げていると棄却するのである。なぜなら、この理論によると、「外界は色彩のない素粒子と、いっそう高次の巨視的水準での素粒子の集合体」（同前）でしかなく、リンゴは存在せず、素粒子しか存在しないことになり、リンゴは幻覚（Illusion）でしかないというような馬鹿げたことになるからである。

感覚生理学的な構築主義が正しいとすれば、わたしたちの視野に現れてくる対象のいっさいは幻想であることになる。とすると、わたしたちにとって、もはや幻想と通常の知覚との区別はない。わたしがリンゴを見ているのでも、リンゴの幻覚を見ているのでも、どちらでも違いはない。現に見ているはずのリンゴも、結局のところある種の幻覚だからである。神経の刺激（あるいはほかの何かの刺激）を通じて興奮させられることで、脳（あるいはほかの何か）がそういう幻覚を作り上げている、というわけである。科学的な測定器具に関しても事態は変わらない。幻覚である。このようなわけで、もはや真である心的表象と、偽である心的表象とを区別することはできないのである。（173）

ガブリエルは、心的表象主義では、「真である心的表象」と「偽である心的表象」を、区別することはできず、現実に緑色のリンゴの知覚とその幻覚は異なっているのに、両者を区別できないと批判する。なぜならこの理論によると、両者はともに幻覚でしかないからである。しかし、心的表象主義でも、両者、現実に知覚していることと単なる幻覚とを区別していて、この点は少しミスリーディングであるように思える。心的表象主義は、知覚の因果説（causal theory of perception）を前提しており、現実の知覚が実際に外的な作用によって成立しているのに対して、幻覚や夢は単なる身体内の生理的な異常によって生み出される知覚でしかないとして区別するからである。

ともかくも、ガブリエルが言いたいのは、「わたしが緑色のリンゴを知覚しているのであれば、そこにあるのは緑色のリンゴにほかならない」（174）ということ、「わたしたちが知覚しているのは、果物鉢に盛られたリンゴであって、リンゴの視覚的模像（Abbild）などではない」（同前）ということである。我々は、「リンゴ」を見ているのであって、「リンゴの像」を見ているのではないと言うのである。

ガブリエルの新しい実在論は、現象と物自体を区別しない。新しい実在論のポイントは、「物それ自体が多様な仕方で現象するということである。それらの現象のいずれもが、それ自身、一つひとつの物それ自体にほかならない。その際重要なのは、どのような意味の場に現象するかということである。現象する仕方が複数あるからといって、それが幻想だということにはならない。現象とは別に存在するハードな事実がこの現実をなしているのではなく、いわばさまざまな物それ自体とその現象とがともにこの現実をなしているのである。そのさい、それぞれの現象はいずれも物それ自体である」

(175)。ヴェズーヴィオ山そのものとともに、ヴェズーヴィオ山のさまざまな現れも、同様にヴェズーヴィオ山そのものなのである。

５　「新しい実在論――意味の場の存在論」をどう考えるか

以上我々は、マルクス・ガブリエルの「新しい実在論――意味の場の存在論」を見てきたが、この実在論をどのように考えればよいのであろうか。本章の冒頭でも触れたように、「新しい実在論が想定するのは、わたしたちの思考対象となるさまざまな事実が現実に存在しているのはもちろん、それと同じ権利で、それらの事実についてのわたしたちの思考も現実に存在している、ということ」(15)である。通常、実在論は、観念論やメイヤスーの言う「相関主義」が意識や思考から独立した存在の実在を認めないのに対して、意識や思考から独立の存在を認める立場であるが、ガブリエルの「新しい実在論（＝意味の場の存在論）」は、意識から独立の存在とともに、心の存在だけではなくその心によって思い描かれる世界の存在を認めるのである。

しかし意識から独立に存在するということでの存在と、意識によって思い描かれたものの存在ということが、同じように「存在」と言われるのは、どうであろうか。ガブリエルは、両者はそれぞれの意味の場が異なるのであって、どちらも意味の場に現れるという意味で存在していると言うのであるが、哲学において実在論ということで議論されてきたのは、意識からの独立の存在を認めるかどうかをめぐってであって、意識の中に存在するということをもって実在論を唱える論者は、バークリなどの観念論者を除いて、誰もいないであろう。

我々が感覚を通して知覚する果物鉢に盛られたリンゴや、向こうに見える山々や民家、夜空の星々、銀河団、それらを構成する原子や分子など、物質的な諸事物は意識から独立に存在するし、マウリツィオ・フェラーリスの言うように国家や民主主義、株式会社や諸法規、負債などの社会的な存在も人間によって構築されたものであっても意識から独立に存在する。そしてさまざまな文学作品や映画、絵画、彫刻などの芸術作品も意識から独立に現実に存在する。しかし、詩や小説、映画などによって描かれた世界は、ガブリエルにおいては、それもまた意味の場を構成するのでそこに現れる対象はすべて存在しているということになるが、これらの世界は、詩や小説、映画自体の存在するこの現実の世界と「同じ権利」で存在していると言えるのであろうか。もちろん我々は、詩や小説、演劇や映画、テレビドラマを通して、どんな実体験よりも深く強い感動や感銘を受けることがあるし、そのことによってその後の人生に大きな影響を受けることがある。しかし、それはあくまでフィクションの世界を通してであることに違いはない。

ガブリエルは、「想像されているものも存在しているし、想像のうちにだけ存在しているものも多い」(132)と言って、たとえば魔女は『ファウスト』のなかにも、「初期近代の魔女狩り実行者のもっていた表象体系」(133)のなかにも存在していると言うが、「意味の場の存在論」では確かにそう言えても、実在論の展開として果たして真っ当な立論であるのかどうか疑問でしかないと言わざるをえない。

ただ、構築主義にたいする次のような批判は、実在論の展開として面目躍如たる感を強くする。

> わたしたちは今まさに列車で座席についていて、人々が乗り込んでくるのを見ている（認識している）としよう。この場合、人びとが列車に乗り込んでくるということは、ひとつの事実である。ここでの前提として、わたしたちが見ているのは幻覚ではないとしよう。……とすれば、わたしたちの認知機構（この場合、わたしたちの眼）は、事実の的確な視覚像をもたらしていることになる。こうして目にされて認識されているこの事実は、それ自体として成立している。とはすなわち、この場合には次のことを意味している。仮に、列車に乗り込んでくる人びとを列車内で見ている者がひとりもいなかったとしても、それらの人びとが列車に乗り込んできているという事実に違いはない、ということである。これとまったく同じように、仮にゲーテの『ファウスト』を目にする独文学者がひとりもいなかったとしても、ファウストがグレートヒェンを愛するようになったという事実に違いはない。(63)

人びとが列車に乗り込んでくるのを見ている（認識している）とき、わたしの隣に座っている女の人も、わたしが見ているのとまったく同じことを見ている。人びとが列車に乗り込んできているという事実にとっては、それを見ているのが彼女なのか、わたしなのかは問題ではない。

すでに見たように、認識が行われること、つまり認識のプロセスは構築物であると言えるかもしれない、たしかに、隣席の女の人にしても、わたしにしても、脳や感覚器官をもっていなかったら、人びとが列車に乗り込んでくるのを認識することはできない。しかし、認識のプロセスが構築物であり、構築主義者によってある程度は適切に再構築されるものだと主張しうるとしても

（わたし自身はこれも疑いたいと思っているが）、それで事実が存在しないと証明されたことにはならない。

つまり、認識のプロセスの条件は、ほとんどの場合、認識されるものの条件とは区別されるということである。わたしが車窓から外を眺めていること、眼を閉じてはいないことは、人びとが列車に乗り込んでくるのをわたしが見ることの条件である。これにたいして、列車が停まっていること、車両のドアが開いていることは、この人びとが列車に乗り込んでくることの条件である。この人びとはわたしが見ているから列車に乗り込んでくるのではない。むしろ、この人びとが列車に乗り込んでくるから、わたしがそれを見ているのである。この人びとは、わたしの意識や脳ではなく、ほかならぬ列車に乗り込んできているのである。（66-67）

認識のプロセスの条件は、認識されるものの条件とは区別されるということである。これは、真性の実在論の主張である。

注

（1）Markus Gabriel, *Warum es die Welt nicht gibt*, Berlin: Ullstein, 2013　マルクス・ガブリエル『なぜ世界は存在しないのか』清水一浩訳、講談社選書メチエ、二〇一八年。本書からの引用は、本文中に翻訳の頁数を記す。但し訳文は、「です・ます」調を「である」調に換えている。

（2）new realism をマウリツィオ・フェラーリスにおいては「新実在論」と訳したが、ガブリエルの場合は、清水一浩氏の邦訳にあるとおり「新しい実在論」と訳すことにした。

（3）Markus Gabriel, *Fields of Sense: A New Realist Ontology*, Edinburgh University Press, 2015, p.187　本書からの引用は、本文中にFS.の後にその頁数を記す。

（4）Markus Gabriel, *op.cit.*, p.8。なお、内容は同じであるが、「新しい存在論的実在論（new ontological realism）」（Gabriel, *op.cit.*, p.10）と称されることもある。

（5）邦訳は、Sinnをフレーゲの通常の訳である「意義」ではなく「意味」と訳し、したがってSinnfeldを「意味の場」と訳しており、本稿でもこの訳に従いたい。英語表記fields of senseについても同様である。Bedeutungについても邦訳に従い「意義」と訳す。

（6）G・フレーゲ『フレーゲ哲学論集』藤村龍雄訳、岩波書店、一九八八年、三三～六三頁。なお、先にも述べたように、本稿では、Sinnをフレーゲの通常の訳である「意義」ではなく「意味」と訳し、Bedeutungを「意義」と訳す。

（7）Maurizio Ferraris, *Introduction to New Realism*, translated by Sarah De Sanctis, with a Foreword by Iain Hamilton Grant, Bloomsbury, 2015, p.45

第8章 グレアム・ハーマンの対象指向存在論

二一世紀になって始まった実在論的転回の中心的な位置にいるのが、グレアム・ハーマンである。新しい実在論の動きは、二〇〇七年四月二七日にロンドン大学ゴールドスミス校で持たれた「思弁的実在論」についての画期的なコロキウムに発していると言われており、このコロキウムに参加した四人の中に、カンタン・メイヤスーとともにグレアム・ハーマンがいた。ハーマンはこのコロキウムの後、メイヤスーの思弁的唯物論の解説書を書いたり[1]、本書でも扱ったマウリツィオ・フェラーリスやマルクス・ガブリエルの著作に対して序文を書いたりして、実在論のスポークスマン的な役割を果たしている。

ハーマンは、思弁的実在論の運動に先行して、二〇〇二年に『道具存在——ハイデガーと対象の形而上学』[2]、二〇〇五年に『ゲリラ形而上学——現象学と事物の大工仕事』[3]を出版して、彼の対象指向存在論の骨格を完成させており、その後、解説書的な『四方対象——オブジェクト指向存在論入門』[4]と『対象指向存在論——万物の新理論』[5]などを相次いで出版している。

ハーマンは、『道具存在』と『ゲリラ形而上学』刊行の時点では、自らの哲学的立場を「オブジェクト・オリエンティッド・フィロソフィー」と称していたが、レヴィ・ブライアントの影響の下、「オブジェクト・オリエンティッド・オントロジー」と称するようになったと次のようにその経緯を説明している。

一九九〇年代の終わり頃に、私は気まぐれに私自身の業績を指示するために「オブジェクト・オリエンティッド・フィロソフィー（Object Oriented Philosophy）」という言葉を造り出し、まず一九九九年九月にそのタイトルの下、講演会を行った。他の人たちがその旗印の下に賛同して集まり、彼ら自身の業績を似た言葉において見始めるまでに、十年近くがかかった。二〇〇九年夏に、レヴィ・ブライアントは、私自身のものとは異なった独自の特徴を持つオブジェクトに関係する思考の様々な形態を含むより広い総称として「オブジェクト・オリエンティッド・オントロジー（Object-Oriented-Ontology）」（OOO）という語句を使用し始めた。最初は、OOO はただブライアント、イアン・ボゴストと私のみを指した。翌年、最初は OOO に懐疑的であった卓越したエコロジー著作者ティモシー・モートンが我々に合流した。これがオブジェクト・オリエンティッド・オントロジーの最初の核となった。（O. 221）

したがって、「対象指向存在論」は、ハーマンだけの立場ではない。ただ、我々はここでは、余裕がないので他のメンバーの詳細については立ち入らず、グレアム・ハーマンのみに絞って彼の対象指向存在論を見ていきたい。

1　実在論についてのハーマンとメイヤスーの共通点

ハーマンは、カンタン・メイヤスーの相関主義批判とほぼ同じ立場を共有する。メイヤスーの言う相関主義とは、「我々は思惟と存在の相関関係にしか接近できず、切り離して捉えられたこれらの項の一つに決して接近することはできない」（『有限性の後で』18、一六）というバークリ、カント以来の立場である。相関から切り離された物自体、事物自体を認識することはできないという立場である。主観から切り離された客観それ自体を決して認識できないということ、主観との相関の外には出ることはできないということであった。しかしメイヤスーは、この相関の循環を破る事実があると言って、宇宙の始まりや地球の誕生などの人類出現以前の「祖先以前的」な出来事を挙げて、この相関主義を批判したが、ハーマンもまたこの批判と同じ立場を次のように表明する。

宇宙は、空間的にも時間的にも巨大であるように思われる。宇宙は、私たちの猿型の先祖や他のあらゆる生命形態よりも古い。そしてまた、そこにいる何兆もの存在者は、人間に観察されていないときでさえ、様々に関係し争いあっていると想定することも健全であるように思われるだろう。私たち人間が私たち自身にとってどれほど興味深いものであろうと、私たちはこの宇宙のドラマの中心にいるようには決して思われない。私たちは平凡な恒星の近くにある平凡な大きさの惑星で孤立し、宇宙の歴史のごくわずかな部分に留まっているにすぎないのである。こうした明白な事実は全て、カントのコペルニクス的哲学やその継承者のせいで、優れた厳密さの犠牲となってしまう。人間の存在の彼方にある時間や空間についての言明は、人間による言明なのであって、それ故に、私たちは先に述べたのと同じ循環に陥ってしまうというわけである。（Q. 100-101）

相関主義は、人間中心主義の立場に立っているが、この世界は時間的にも空間的にも人間中心でないことは明らかである。

ハーマンは、メイヤスーの言う「相関主義の哲学」を「人間的アクセスの哲学」と言い換えて、次のように規定する。人間的アクセスの哲学（Philosophy of Human Access）とは、「私たちが人間の思考の外にある世界を思考するにしても、そのとき私たちはそれを思考しているのであり、したがってその世界はもはや思考の外にあるものではない。この循環から抜け出そうとする試みは、どのようなものであれ、矛盾に陥る運命にある」（Q. 97）というものである。これは、メイヤスーの言う「相関の循環（cercle corrélationnel）」である。ハーマンは、このアクセスの哲学を「強いアクセスの哲学」と「弱いアクセスの哲学」に分け、強い方は、「人間と世界の対（human-world coupling）の外には本当に何もない」（Q. 104）、「思考がなければ存在はない（there is no being without thinking.）」（Q. 105）と主張し、弱い方は、「より懐疑的な立場をとって、私たちは人間と世界のペア（human-world pair）の外に何かが存在するかどうかを知ることができず、それ故に思考をこのペアの外へと進めることはできない――つまり、どんな思考も、実際のところ、思考についての思考でしかない――と主張する」（*Q.* 104）、すなわち「思考がなければ思考はない（there is no *thinking* without thinking.）」「思考なき思考はない」（*Q.* 105）と主張すると言う。

ハーマンは、アクセスの哲学をこのように「強い方」と「弱い方」に分けたうえで、まず強いアクセスの哲学を批判して、「木についての私の思考は、私が木を考えていることなしには存在しえない、と言うのはトートロジーにすぎない。だが、このことから、私がそれを考えていることなしに木は存在しえないと結論するのは、トートロジーの範囲を超えている」（*Q.* 104）と論駁する。すなわち、トートロジー（思考でない思考はない）からトートロジーでないもの（思考から独立したものは存在しない）を導出することはできないと言うのである。そしてハーマンは、次に弱いアクセスの哲学の批判に向かい次のように批判する。

> 〈弱いアクセス〉の立場は、私が「思考されていない限りにおける木」について言及しているとき、これはそれ自体、一つの思考なのだと主張する。そしてこのことから、私が（a）「思考されていない限りにおける木」と言うとき、私が本当に意味しているのは、（b）「思考された限りにおける木」であるということが帰結する。というのも、（a）はすでに一つの思考だからである。これら二つの言明は、同義的なものとして扱われるというわけだ。要するに、〈弱いアクセスの哲学〉は、「思考されていない木」という表現を、たんに誤っているだけでなく、無意味なものと見なしているということである。そしてそれゆえに、懐疑論者はただちに絶対的な観念論へと転じることになる。というのも、「事物それ自体」という表現は、どんな可能な意味も欠い

ており、「私たちにとっての事物」の別の言い方でしかないからである。（Q. 106）

つまり、弱いアクセスの哲学は、「思考されていない木」が「思考された限りにおける木」と同義であると言うが、これに対してハーマンは、これを同義と見なすことは間違っていると批判する。「「思考の外の木」が「思考の外の木についての思考」と同じものを意味していると考えるのは誤りだからだ。前者において、私ははっきりと、木についての私の思考から区別される木を指示している。というのも、ここでその木の性質は謎のままであり、少なくとも部分的には知られていないのだから。対照的に、後者においては、すべてがすでに手の届くところにある。というのも、ここで私が語っているのは、木についてのアクセス可能な思考についてであって、その思考の外にある隠れた木についてではないからである」（Q. 106）。

この点についてハーマンは、ソール・クリプキの『名指しと必然性』における固定指示子についての議論を援用する。「固定指示子（rigid designator）」とは、「あらゆる可能世界において同じ対象を指示する」[6]言葉のことであるが、クリプキによれば、固有名は固定指示子であり、例えば「ニクソン」は、「大統領でなかったかもしれなかったとしても、ニクソンでなかったかもしれないということ」（同前、56頁）はないのであり、ニクソンを常に指示しているのである。それと同様に、「何かについて思考することは、それを心に対して現前させることであるが、それだけでなく、その何かが心への現前を越えて存在する限りにおけるその実在を指し示すことである」（Q. 108）。これが「アクセスの哲学」の言う思考の循環に対するハーマンの回答である。

「ポストモダニズムは、実在は言語、権力、人間の文化的な実践によって構築される何かであると主張したが、OOO はぶっきらぼうに実在論的な哲学である。このことは、とりわけ OOO が外的世界は人間の認知とは独立に実在していると主張することを意味している。この点がどれほど当たり障りのない常識的なものに響こうとも、過去の大陸哲学の気性に逆らい、驚くべきことに常識に外れる方向に繋がっていく」（O.10）というのが、ハーマンの実在論の主張である。

以上、我々はまず、ハーマンがカンタン・メイヤスーと同様に、相関主義の批判の立場、実在論の立場に立っていることを確認した上で、そのオブジェクト指向哲学、対象指向存在論の中身に入っていきたい。

2　対象（オブジェクト）

ハーマンの対象指向存在論の中心は、オブジェクト、対象（Object）である。主観や主体（Subject）ではなく、対象である。この対象という概念は、ハイデガーの『存在と時間』の中で展開されている道具分析に由来するとハーマンは言う。ハイデガーは、世界内存在としての現存在である人間が環境的な世界のなかで出会うのが、事物的存在者（Vorhandenes）、物理的な存在ではなく、道具的存在者（Zuhandenes）であり、その道具的存在者は、まさしく本来的に道具的に存在するゆえに気づかれることなく「己の道具的存在性のうちでいわば身を退いている（zurückziehen）」[7]ということ、その道具的存在が目立って出会われるのは、その道具が使用不可能になる時であり、その時には道具的存在者としてではなく事物的存在者として立ち現れるのである。ハンマーは、壊れたハンマーになるときにはじめてその存在が気づかれるのである。

ハーマンは、このハイデガーの道具分析についての通常の読み方、すなわち「理論的な抽象に対する実践的な活動の勝利として、不評の「物自体」に対する言語的記号のネットワークの勝利として読まれてきた」（T. 1）読み方を退け、「道具存在は、人間の目的のために使用される便利な用具であるかぎりにおける対象を記述しているのではない。まったく反対に、道具存在性（*Zuhandenheit*）は対象が理論的な気づきに対してと同様に実践的な活動にも決して現れない暗い表面下の実在性へと人間の視野から退くかぎりでの対象を指示している」（同前）のであり、ここから「対象そのものの存在論（ontology of *objects themselves*）」を生み出すことができると主張する。すなわち、道具存在がその道具存在性の内で身を退いている、退隠している（withdraw）とのハイデガーの記述を、対象一般のあり方として普遍化して対象指向存在論を唱えるのである。対象は、他の存在に対するいかなる現れや関係にも回収されない「物自体」として存在しているのである。この対象は、したがってアリストテレス以来の実体（substance）概念に近い。

ただハーマンの「対象」は、伝統的な実体概念とは、次の点で異なる。まず「これまで実体は自然なものでなければならないと言われる傾向があった。木は実体でありうるが、プラスチックのコップはそうではなく、イルカや石は実体であるが、風車や手を握り合った人々から成る輪はそうではないというように。ライプニッツには、単純なものを実体と同一視する傾向があった。このことによって、彼は、一つに接着されたダイヤモンドやオランダ東インド会社(8)をモナドと認めることができなくなっていた」（Q. 34）のである。また、伝統的な実体のもう一つの特徴は、「それが実在的でなければならない」ということ、「神話に登場する生き物は、頭の中で踊ることはできても実体ではありえない」（同前）ということであった。

しかしハーマンの対象は、これらの制約に縛られない。「ダイヤモンドやロープ、中性子と並んで、軍隊や怪獣、四角い円、そして実在する国や架空の国から成る同盟もまた、対象のうちに含まれうる」（Q. 13）のである。自然物、人工物、社会的存在、空想や虚構の存在、「四角い円」のようなマイノングのいう存在しない対象も含めて、すべて対象である。ハーマンは、「私の主張は、全ての対象が等しく実在的であるということではなく、全ての対象は等しく対象であるというものである」（Q. 13-14）と言う。その意味で、対象指向存在論は「万物の理論（Theory of Everything）」（O. 41）なのである。

ハーマンは、この対象に定位した存在論、対象指向存在論を唱えるのであるが、ハーマンはまずこの対象を解消、還元しようとする強い傾向が哲学の伝統のなかにあった点を批判する。それは、「対象は何らかのより深い力の表面的な効果にすぎない」として、対象が「解体（undermine）」される方向と、「対象は、それが有しているより確かな性質や関係に比べれば、無益な迷信にすぎない」（Q. 15）として、対象が「埋却（overmine）」される方向である。

対象の解体とは、対象がより深い基礎的なものから構成されており、この基礎的な要素こそが真に存在するものであると見る。ソクラテス以前のタレス、アナクシメネス、エンペドクレス、デモクリトスなどの自然哲学、また現代の物理学の素粒子論などにその典型を見ることができる。ハーマンは、このような解体によっては、対象を極め尽くすことはできないこと、構成要素に還元することによっては、対象そのものの創発（emergence）は説明できないこと、対象は「自らを作り上げている構成要素から創発するもの」（Q. 176）であり、「より小さい諸対象が新たな対象へと結合されるときに、新しい諸性質が現れるのである」（O. 30）が、この新しい諸性質の創発を説明できないと言うのである。対象そのものと対象を構成する要素とは、次元が異なり、したがって対象を構成要素に還元することはできないと言うのである。

また、対象の埋却とは、対象を上へと還元すること、「対象は、浅すぎるために実在的ではありえないと言う代わりに深すぎると言われる」（Q. 23）のであり、バークリやヒュームなどの経験論者の言う「経験の対象とされるものは性質の束にすぎない」（Q. 23）という見方である。対象の埋却のもう一つの方法は、対象をそれが他の諸対象に対する関係の総体、対象が他の諸対象に及ぼしたり、受けたりする効果（effects）の総体として見る見方である。ハーマンは、対象は性質の束にも、関係の総体にも還元されない余剰があると言って、埋却に反対する。対象は、その性質や関係の総体を超えて変化するものであるが、埋却では、この対象の変化（change）を説明できないのである。

ハーマンはまた、二重解体（duomining）、対象を解体すると同時に埋却するという操作もあると指摘し、これが唯物論の手法であると批判する。唯物論は、対象を原子などの要素に解体するが、同時にその原子を「硬さや抵抗などの触知可能な性質の集合にすぎないもの」（Q. 28）と見なし、原子を対象としてではなく経験論者のように性質の集合にすぎないものとして埋却することによって、結局、自立的な対象そのものを消し去ってしまうからである。「対象をたんに解体、あるいは埋却するからではなく、これら二つの操作を同時に実行する立場」であるゆえに、「唯物論は、あらゆる対象指向哲学の宿敵」(*Q*. 27)なのである。ハーマンはまた、自然科学がこの二重解体を行っていると批判する。「自然科学は、自然について、微細な究極的な構成要素からできているもの(解体)としてと同時に、数学を通して知られるもの(埋却)として語ることによって、二重解体する。こうして独立したオブジェクトそれ自体は、曖昧で余計なものとして消されてしまう」(O. 50)。

このようにハーマンは、対象の解体と同時に埋却を批判するのであるが、一般に対象の認識の仕方、対象についての知識は、対象の構成要素への分析(解体)と、対象の諸性質や対象の振る舞いや働き、他の諸対象との相互作用関係の認識(埋却)に基づくものであるから、結局、ハーマンは、これらの科学的手法を否定し、したがって科学そのものの真理性を否定していることになる。もっと言うと、ハーマンは、対象の物自体としてのその不可知性、それへの接近不可能性を主張しているのである。解体や埋却によっては捉えきれない余剰が対象自体にあるということである。

ハーマンは、カントの物自体について、それが認識主体としての人間と対象との関係にあてはまるだけではなく、対象同士の関係にもあてはまると言う。「存在論における真の裂け目は、人間と世界との間にではなく、諸対象と諸関係(*objects and relations*)との間にあるということを意味している。さらにこの二元性は、それが自然的であれ、人工的であれ、有機的であれ、あるいは十分に人間的であれ、宇宙のなかのすべての存在物にとって同様にあてはまるのである」(T. 2)。ハーマンは、「人間と対象との間だけで関係の隔たりがあるというカント以降の強迫観念を退け、綿と炎の相互関係が、人間と綿の相互関係や、人間と炎の相互関係と同じ土俵に立っている」(*Q*. 14-15)と主張する。

> 素朴実在論では実在は精神の外にあり、われわれはそれを知ることができると考えられているのに対して、オブジェクト指向実在論（object-oriented realism）は、実在は精神の外にあり、われわれはこれを知ることはできないと主張する。こうしてわれわれは、非直接的（indirect）、暗示的（allusive）、副次的（vicarious）手段によってのみ対象にアクセスすることになる。まるで人間が外部を擁する唯一の存在者であるかのごとく、実在は「精神の外」にのみ存在するのでもない。そうではなく、実在は塵や雨粒の因果的相互関係を越えてはいても、人間の領域でもそうであるように、生命なきものが関係しあう世界においても決して十全に表現されることのない、ある余剰（surplus）として存在している。（I. 29-30）

人間はカントの説いたように、物自体としての諸対象を認識することはできないのであるが、そればかりではなく、諸対象相互もまた、直接的な接触ができないのであり、その接近は、非直接的、暗示的、副次的（代替的）な方法によってしか果たされないと言うのである。

ところで、この諸対象が互いに直接的に接近できないというハーマンの洞察は、実はハイデガーの道具分析よりも前に、オルテガ・イ・ガセットの「芸術論序説」(9)で展開された「メタファー論」から得られている。カントは、人間存在を倫理の領域において叡智的な存在と見なして、それ以外の事物的な存在から区別したが、倫理学の領域を出れば、事物そのものも単に現象的な存在ではなく叡智的存在であるというのが、オルテガの見立てである。オルテガは次のように言う。

ある人がわたしに語る苦痛とわたしが感じる苦痛の間には、わたしが見ている赤とこの赤い革の箱の赤であることとの間の違いと同様の違いがある。赤であるということは、それにとって、痛むということがわたしにとってそうであるようなものである。私－何某（I-John Doe）があるように、私－赤（I-red）、私－水（I-water）、私－星（I-star）もまたある。あらゆるものは、それ自身の内の視点からは、一つの私（I）である。[10]（O. 71）

オルテガは、この事物の内面に接近するのが芸術であり、その手法の一つがメタファーであると見なしている。ハーマンは、オルテガが「カントの叡智界が接近不可能であるのではなく、芸術はまさしく我々に人格におけるこの叡智的な領域を与えることにある」と考えているが、オルテガはまた重要な断りも付け加えていると言う。「私は、芸術作品が我々に生命や存在の秘密を明かすと言っているのではない。私が言っているのは、芸術作品が、事物の内面、それらの発揮する実在性が我々に明かされるように見えるようにすることによって、我々が美学と呼ぶことのできる特別の快をもたらすということである」（O. 71）。

ハーマンは、オルテガについて「ハイデガーを読む前の時期に私の心に最初に OOO の種子を蒔いてくれた」（O. 72）と述懐しているが、ハーマンにとってオルテガのこの芸術論、メタファー論は、ハーマンの対象指向存在論の着想にとってハイデガーの道具分析よりも直接的なつながりを持つものではないかと思われる。

3　対象（オブジェクト）の四方構造

ハーマンの対象指向存在論の中心概念である対象は、内的な構造を有している。その構造は、実在的対象（Real Object）、感覚的対象（Sensual Object）、実在的性質（Real Qualities）、感覚的性質（Sensual Qualities）の四つの極からなる四方構造（Fourfold Structure）である。すべての対象は、それぞれこれら四つの極からなる四方構造を構成している。例えば、対象がある犬の場合、その犬の実在的対象、その犬の感覚的対象、その犬の実在的性質、その犬の感覚的性質がある。

対象指向存在論は、これら四つの極の存在を認めるのであるが、例えば経験論は、これらの内で感覚的性質だけが存在する世界しか認めないし、科学的自然主義、科学的実在論は、意識のうちにあるクオリアを軽視して、実在的性質のみが存在すると見なし、フッサールの現象学は、「意識による可能的観察の外部に実在的対象は存在せず、対象の形相的性質と感覚的性質もまた、いずれもつねに意識から派生するもの」（Q. 221-222）であるので、感覚的対象を第一義的な存在とする。また、タレスやアナクシメネス、デモクリトスなどのソクラテス以前の自然哲学者たちは、「実在的対象だけを、第一義的な実在として認める哲学」（Q. 222）である。

ハーマンは、感覚的対象の発見者としてフッサールを置く。現象学者のフッサールは、意識から独立の実在的対象を認めることはないが、彼は経験論者と違って、感覚的対象を感覚的諸性質の束とは見ないで、心の志向的対象と見る。たとえば、塔のまわりを歩くとき、「塔は、多種多様な知覚を通じて現前しながらも同一であり続ける一つの統一された「志向的対象」なのである。塔はつねにある特定のプロフィールを通じて出合われる。このことを、フッサールは射影（Abshattung）と呼んだ。だがこの射影は、それが現れさせる志向的対象と同じものではない。……対象とは、その内容が何度も絶え間なく変化するにもかかわらず、つねに同一であり続けるものなのだ」（Q. 43-44）。ハーマンは、フッサールを「対象指向の観念論者（*object-oriented* idealist）」（Q. 38）と呼び、この志向的対象を「感覚的対象」と言い換える。

ハーマンはまた、感覚的対象と実在的性質との結合をフッサールの「第二の偉大な発見」（Q. 81）と言う。感覚的対象は、感覚的性質だけではなく、その背後に「形相的（*eidetic*）な特徴」（Q. 55）を有しており、それによって馬や犬、椅子は異なったものとして区別されるのである。フッサールにおいては、「意識における現象は、確固たる性格をもたなければ、空虚な統一的極となってしまう。そうした性格は、感性的直観ではなく知性によってしか捉えられない実在的な形相的性質から成るものであった」（Q. 81）。これは、フッサールの諸事物のイデア的な認識、本質直観にいたる形相的還元のことを念頭においているのであるが、我々は、実在的性質を実在的対象のもつ本質的諸性質のことであると解したい。フッサールでは、実在的対象は問題とならず、感覚的対象との関係で実在的本質を位置づけているのであるが、この意味での実在的本質は、馬や犬、椅子など諸事物のイデア的な範疇的認識、馬の馬性、犬の犬性に関わるものであって、実在的対象の持つ実在的性質には関わらないのである。しかし、実在的性質は本来、実在的対象に関わるものであろう。

ハーマンはさらに、実在的対象と感覚的性質も関係すると言い、これをハイデガーの道具分析において見ることができると言う。「ハンマーは、フッサールの現象的なものではなく、その深みの中で沈黙して働いている実在的対象（*real object*）」（O. 153）であり、壊れたときに我々の前に現れるのである。

　以上の四つの極の内、「実在的諸対象と実在的諸性質はそれら自身において存在しているが、感覚的諸対象と感覚的諸性質は、人間的であれその他のものであれ、ある実在的な対象の関係項としてのみ存在する」（O. 80）。すなわち、実在的対象と実在的性質は、人間の意識から独立に存在しているが、感覚的対象と感覚的性質は、人間の意識に対して現れるものなのである。

　ここからハーマンは、実在的対象、感覚的対象、実在的性質、感覚的性質の四極の間の相互の関係による対象内部の構造を次のように展開する。

　まず、感覚的対象と感覚的性質との緊張から「時間（time）」が生じるとハーマンは言う。感覚的性質は絶えず移り変わり変化するのであるが、だからといって「万華鏡のごとく、まとまりのない不連続な感覚へと崩壊してしまったりはしない。経験には、多かれ少なかれ持続をもつ感覚的対象が存在するように思われるのである。時間とは、感覚的対象とその感覚的性質とのこうした緊張に対して与えられる名前」（Q. 158）であるとハーマンは言う。この時間は、「時計の客観的な時間経過の時間ではなく、時間についての我々の経験の意味での時間」（O. 158）である。時間経験は、持続するものがあるなかでの変化の経験であるからである。

　次に実在的対象と感覚的性質との緊張から「空間（space）」が生じるとハーマンは言う。ハイデガーの道具分析に見られるように、「空間とは、隠された実在的対象とそれに関連する感覚的性質との間の緊張なのである」（Q. 159）。このハーマンの説明は分かりにくいが、現れとしての感覚的性質と隠されたものとしての実在的対象との隔たりが空間であると考えているのである。

第三に、感覚的対象と実在的性質との緊張から「形相（eidos）」が生じる。フッサールにおいては、形相は、「カテゴリー的直観、すなわち感覚ではなく知性の働きを通じてのみ知ることができるものなのである。……プラトンとフッサールはともに、世界の表層に諸性質を位置付け、対象を深層にある隠された基体と見なす個別的実体の哲学に反対し、そうした想定を逆転させた。すなわち、彼らは世界の深層には様々な形相的性質が存在し、表層では対象がそうした性質を統一していると主張したのである。感覚的対象とその隠された実在的性質との間にあるこうした緊張を、フッサールは形相と呼んだのだった」（Q. 160）。ハーマンは、この形相について、「ここでは我々は感覚的対象（それに対して払う我々の注意の相関項としてのみ存在する）が、それにもかかわらず実在的性質（我々がそれらに気づくか否かにかかわらず存在する）を持つという奇妙な事実に遭遇する」（O. 159）と述べている。

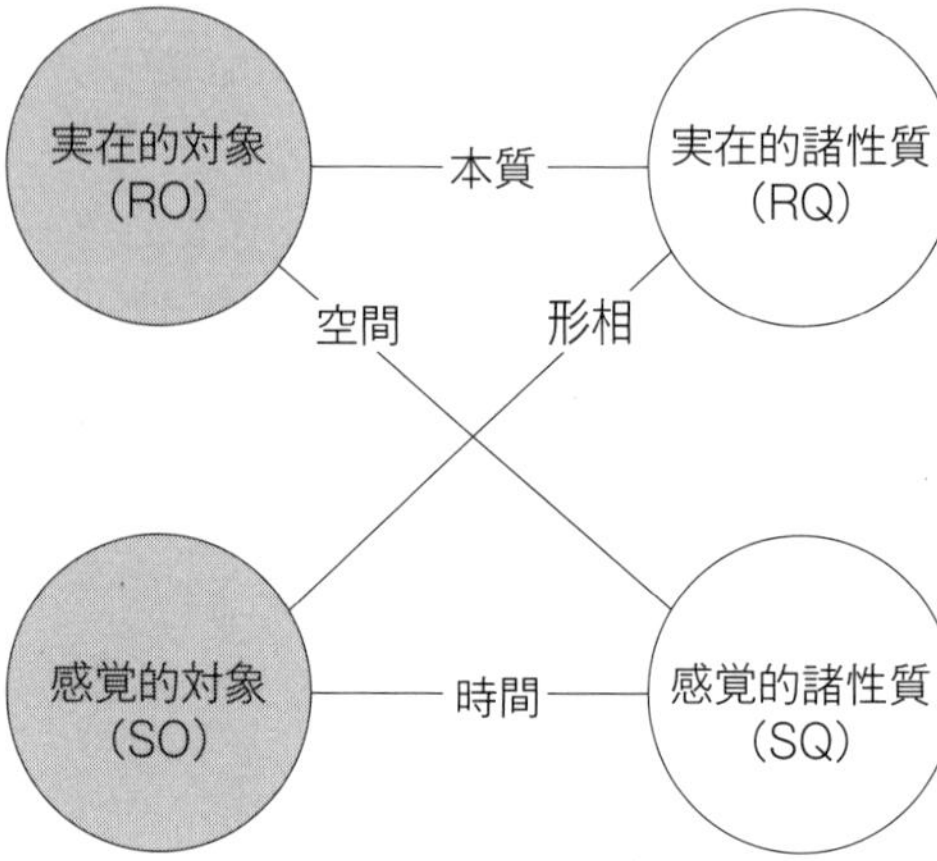

実在的対象（RO）　本質　実在的諸性質（RQ）
空間　形相
感覚的対象（SO）　時間　感覚的諸性質（SQ）

図 1：四つの緊張
（『四方対象』195 頁の図を加工したもの）

最後の第四は、実在的対象と実在的性質との緊張から「本質（essence）」が生じる。ハーマンは、この本質を「ライプニッツのモナド的な本質」（Q. 157）であると言う。実在的対象と実在的性質は、我々には直接見ることはできないが、実在的対象は、ライプニッツの各モナドと同様に、それら固有の本質を持っていると考えられると言うのである。

以上のようにハーマンは、四つの極の間の緊張から生じる時間、空間、形相、本質について述べるとともに、さらにその時間を対峙（confrontation）、空間を魅惑（allure）、形相を理論（theory）、本質を因果（causation）として把握することができると言うのであるが、その詳しい中身はここでは省略して、ハーマンの対象指向存在論の特徴的な二つの点について、少し詳しく見ておきたい。それは、ハーマンが自分の存在論を「フラットな存在論（flat ontology）」と呼ぶ点であり、もう一つは、退隠した対象間の関係とりわけ因果関係について、機会原因論の復活と称する「代替因果（vicarious causation）」についてである。そのなかで対峙、魅惑、因果についても触れることができるであろう。

4　フラットな存在論

フラットな存在論とは、実在的な事物である対象は、それが人間であれ、動物、植物、山や川、石や岩であれ、すべて対象として等しい身分を持つと主張する。古来哲学は、存在と現象、神と世界、神・人間・動物・植物・無機物、人間と世界、心と物質、意識と世界、現象界と叡智界など、様々に存在を区別し分類してきた。しかしハーマンの対象指向存在論は、それらの原理的な区別を廃止し、フラットな存在論を唱える。これは、ホワイトヘッドの言う抱握（prehension）への注目によるものである。ハーマンは、ホワイトヘッドが「人間的存在者と非人間的存在者は皆、他の事物を抱握（prehend）し、それに対し何らかの仕方で関係する限りにおいて、いずれも全て等しい身分をもっているということによってカント的な先入見を破棄した」（Q. 76）と言って、抱握によって非意識的な把握作用を表現した点に注目し、人間や動物における意識的な知覚作用も植物や鉱物のもつ様々な非意識的な作用と同様の作用＝抱握作用によって統括されると言うのである。もちろん人間と人間でないものとの間には、確かに大きな違いがある。「木や家が、詩を書いたり、ノイローゼに苦しんだり、失敗から学んだりすることを示す証拠は、〔もちろん〕存在しない」（Q. 185）が、しかしそこが問題ではない。「問題は、人間と人間でないものとの間にあるこの明らかな違いが、基礎的な存在論的亀裂と見なすに値するものなのかということ」（Q. 185）なのである。

　カンタン・メイヤスーは、このハーマンのフラットな存在論に対し、「我々の事物に対する主観的な関係を事物それ自身のなかに投影することによって、それを実体化している」[11]と批判するが、ハーマンは、自らの対象指向存在論が汎心論（panpsychism）であることを認めた上で、「人間の特性を石や原子に投影する」（Q. 187）のではなく、対象相互の関係は、対象が互いに退隠しているので直接的な接触は不可能であり、それゆえに間接的にしか、すなわち感覚的領野を介してしか接触できないと言うのである。

汎心論の基礎的な考えは、感性豊かな植物や涙を流す鉱物といった空想とは全く関係ないものだ。

汎心論とは、むしろ、カントの革命の拒否からの直接的な帰結なのである。あらゆる関係が同等であり、またどんな関係も同じようにその関係項の深みを汲み尽くすことができないのだとすれば、事物の間には媒介的な接触が可能でなければならない。そうした接触が取ることができるのは、感覚的な形式だけである。というのも、事物が出会うことができるのは、他の対象の変形ないし歪曲された姿だけなのだから。……炎は、自分が燃やしている綿について考えたり、自らの暴力的な行いについて罪悪感や哀れみを感じたりはしないだろう。しかし、それでも炎は綿に間接的に接触する。というのも、（アシュアリー派の機会原因論者が最初に見抜いたとおり）直接的な接触は不可能だからである。こうして、感覚的領野だけが、接触が可能な領域として残されることになる。（Q. 187）

我々の対象に対する知覚的な関係と同様に、対象相互の因果的な関係もまた、直接的な関係ではなく、間接的な関係、イスラム神学のアシュアリー派の「アラーだけが、他のあらゆるものに対して直接働きかけることができる」（Q. 113）との機会原因論によって説明しようとするのである。そして、前節の最後に触れた「対峙」についても、「人間にも岩や電子といった原始的な心にも同じように適用可能な用語」であって、断続的な変化のなかで「目覚めている人はイチゴやゲリラ部隊の襲撃に対峙し、眠っている人はベッドに対峙し、小石はそれがぶつかるアスファルトにアスファルトのすべての偶有的なディテールと対立状態にあるものとして対峙するのである」[12]（Q. 163）。

汎心論は、「人間的な性質の非人間的な世界への投影ではなく、むしろその逆の事態である。すなわち、鉱物や泥によって為される粗雑な抱握も、人間の洗練された心的活動に劣らない関係であるということ」（Q. 76）であって、「無生物の衝突は人間の知覚と――後者の方が明らかにより複雑な関係であるにせよ――全く同じ仕方で扱われねばならないのである」（Q. 77）というのが、ハーマンのフラットな存在論である。

5　代替因果について

対象指向存在論の中心概念は、二種類の対象（実在的対象と感覚的対象）と、二種類の性質（実在的性質と感覚的性質）である。このうち実在的対象は常に隠れており、私たちは「実在的対象には決して触れることができない」（Q. 119）だけではなく、「実在的対象同士が直接結び付けられることは決してない」（Q. 201）のであり、「それが出会うあらゆるものから自立して」（Q. 79）おり、たとえ「感覚を有する全存在者が私とともに破壊されようとも」（同前）存在しつづけるのである。これに対して、感覚的対象は、経験の内にしか存在せず、「私が寝たり死んだりして眼を閉じれば蒸発してしまう」（Q. 79）のであり、「つねに経験の内にあって自らの性質の背後に隠れたりすることはない」（同前）。私たちは、「感覚的対象にはつねに触れている」（Q. 119）のであるが、その際、私たち自身は、感覚的対象としての「私」ではなく、実在的対象としての「私」なのである。実在的対象としての私は、実在的対象としての諸対象には触れることはできないが、感覚的対象には直接触れているのである。

このように実在的対象と感覚的対象はその存在論的な地位が異なるが、共通点もある。それは、両者がともに感覚的性質と実在的性質をもつということである。これが対象の四方構造の意味であった。すなわち、実在的対象は、ハイデガーのハンマーのように「それ自体では退隠しているにもかかわらず、感覚的性質を現前の領域へと放出している」(Q. 79)のであり、同時にまた実在的対象は「自らの様々な実在的性質を有している」(同前)のである。また、感覚的対象も、フッサールにおいて見たように感覚的性質と実在的性質を有している。

以上から、実在的対象同士は、互いに接触することはできないことが分かったであろう。しかしにもかかわらず、実在的対象同士は、互いに因果的に影響を与え合っている。火は綿を燃やし、雨粒は岩を穿つ。にもかかわらず、火と綿、雨粒と岩は互いに直接接触することはできない。そこでハーマンは、因果関係を説明するために、アシュアリー派に始まる機会原因論を援用する。実在的対象同士の因果関係を、両者の接触なしに仲介する神に帰す考えである。ただ、ハーマンは、機会原因論の神の復活を唱えるのではない。

諸対象の真空に封印された本性は直接的なコミュニケーションを不可能にするので、すべての結合と連結はある外的な媒介者を介して生じなければならない。このために、学者や初学者による哲学的嘲笑の対象としての最近の数世紀にもかかわらず、機会原因という古典的な概念が部分的に蘇生される必要がある。蘇生は部分的であって、虹や埃の動きに直接介入する神に基づく伝統的な機会原因論――神が公然と呼び求められるが、その神的なメカニズムは不明なままである理論——を私は推奨するのではない。使用される新しい語は、代替因果（*vicarious* cause）であり、それを支えるためにいかなる神学も必要としない。〔OOO のような〕実体と関係の間の絶対的区別をするいかなる哲学も、不可避的に、代替因果の理論になるであろう。というのも、諸実体が直接的に相互作用するいかなる方法もないであろうからである。（〔　〕内は河野加筆）（G. 2）

この代替因果の役割、諸事物の間の因果関係を仲介する役割を果たすのは、神でないとすれば何であろうか。ハーマンは、「実在的対象は、互いに直接的に関係しあうことはできず、感覚的対象を介して間接的にのみ関係しあうことができる」（O. 9）と言う。

> 実在的なものの領域における接触は全く不可能であり、感覚的領域での〔媒介的な〕接触は絶対的な要求なのだとすれば、因果は明らかに、経験という感覚的領域でしか引き起こされないはずである。あらゆる接触から退隠している実在的対象は、どうにかして、その感覚的カリカチュアへと変換されねばならない。そして、そのようにして誇張されたプロフィールこそが、因果関係という、隠れた実在的事物の間では不可能な事態にとっての燃料の役割を果たさなければならないのである。感覚的領域で生じる出来事は、どうにかして、あらゆる経験の外部にある実在へと遡及的に影響を与える必要があるのだ。（Q. 120）

実在的対象は決して現前せず、我々は感覚的対象にしか触れることができない。「二つの感覚的対象は、私によって同時に経験される感覚的な果物、木々、人々、動物たちの事例において、私によって同時にそれらすべてが見られるように、単一の実在的対象の経験の中で出会うことが見て取れる」（O. 163）が、実在的対象同士の結合は、「感覚的対象を通してのみ生じる。これは、因果性の奇妙に聞こえる理論を意味しているが、OOO が熱狂的に信奉する理論である。この理論によれば、この世界の二つの実在的対象は、直接的な衝撃を通して接触することはなく、ただ相互に提示されるフィクショナルなイメージによってのみ接触する。一つの実在的な岩は、実在における遡及力の効果があるしかたで、他の岩の感覚的なヴァージョンを撃つ。これを OOO は、代替因果と呼ぶ」（同前）。これがハーマンの言う代替因果である。

ハーマンは、ヒュームやカントでさえ、神を仲介者とする機会原因論には同意していないとしても、「特に、一つの特別な存在者、すなわち人間精神が因果関係の場所である」（O. 165）という代替因果の考えを共有していて、ヒュームが因果性を人間の経験の習慣的な接合に、そしてカントが人間悟性の超越論的な構造に求め、「因果性が人間経験の外の世界に必然的に帰せられることのできるものではないこと」（同前）を論じたと見る。

ハーマンは、これまでの実在論者が因果性を実在的対象相互の関係であると見ていた点に同意せず、因果関係を感覚的な表層に求める。「この宇宙で相互作用が生じる唯一の場所とは、感覚的にして現象的な領域なのだ。表層を形式的ないし不毛なものと見なしてしまい、因果の力をただ謎に包まれた深層にのみ認める哲学に対抗して、わたしたちはそれと反対の見解を擁護しよう。すなわち、独立した自立した形式は深層にのみあり、劇的な力と相互作用は表層を漂っているのだ」(13)。

以上、我々は、ハーマンの代替因果のあり方についての説明をかなり詳細に跡付けてきた。しかし、どうもその説明は我々には、判然としない。ハーマンの代替因果とは、実在的対象間の因果的必然性を、ヒュームとカントが認識主観の中に求めたように、実在的対象である人間にとっての感覚的対象の間に求めるということであるようである。しかし、因果性についてのヒュームやカントの説明は、それに同意しないとしてもその内容についての理解はできるが、ハーマンの代替因果にはもう一つ理解に至らないのである。実在的諸対象が互いに触れあうことはできないので、それを認識する人間という実在的対象の経験の中でイメージとして出会う点に因果関係を見ようとするのであるが、因果関係の必然性がそれで説明できているのかどうか、判然とはしないのである。これは、ハーマンと我々との世界についての基本的な捉え方にズレがあるからかもしれない。そこで、次にハーマンが力を入れて論じている魅惑（allure）、メタファー（metaphor）について見ておきたい。

6　メタファーについて

ハーマンは、因果関係が魅惑、メタファーの働きと似ていると言う。魅惑や魅力（charm）は、通常の知覚が対象をその表層において捉えるのに対し、対象をその表層的な諸特徴から切り離し、その対象の深みへと引き込む。知覚と魅惑の違いは、「(a) 知覚はある対象をその諸特徴と同一化するが、魅惑は諸対象と諸特徴を相互に切り離す。(b) 魅惑は諸対象を測りえない深みへと解き放つが、知覚は経験の表面にそれらを留める」（G. 186）のである。

ただ、ハーマンはこの魅惑が人間の意識においてのみ生じるのではなく、人間以外の他の存在、岩や植物にも生じており、これが因果関係であると言う。

> 魅惑において生じることとは、因果関係（causation）の何らかの形態において生じることと異なってはいない。魅惑は、植物や岩には不在である人間の心理の特別の特徴ではなく、植物や岩そして私自身の同僚と兄弟たちに対置された私自身の特徴である。魅惑は、単純に、第一人称における因果関係であり、作動している因果関係である。すべての他の存在者は魅惑のそれら自身の経験をもっており、私はどんな他の対象の代わりをすることもできず、その代わりに生を経験することはできない。私が私自身、その場面に居合わせず、その関係の直接的ないかなる経験ももたないとき、「因果関係」という語は、魅惑の代わりに使われることができる。（G. 220）

因果関係は対象間の関係であるように、魅惑も対象間の関係である。「魅惑は非生命的な領域においてさえ生じなければならない。というのも、さもなければ、因果関係は不可能であるからであり、世界は凍結され孤立化されたモナドから構成されているであろうからである……魅惑は、常に代替的で、緩衝され、非対称的であるすべての因果関係にとっての鍵であることがわかる」（G. 245）というように、魅惑と因果関係は繋がっている。

魅惑は、我々を接近不可能に見える世界――その対象が、我々がそのもっとも内密の諸特性と見なしたものよりもより深いものであるはずの世界――へと招く。ブラックノイズ〔感覚的対象のレベルにある〕が単一の世界のなかで全体的に展開するのに対し、魅惑は、我々を別の世界へと吸い込む渦巻きやブラックホールに似ている。決定的な問題は、諸対象の間の因果的な関係が、知覚のブラックノイズかあるいは実際的な魅惑により一層似ているかどうかである。しかしその解答は、明らかである。すなわち、因果関係は、ただ魅惑にのみ似ることができる。なぜなら、因果関係はそのオブジェクトのある側面にのみ影響を与えるのであるが、その影響力は諸特徴（notes）に対してであって、諸部分にではないからである。そして諸特徴は、諸部分と違って、つねに全体としての事物に内的に結合されているからである。実際、因果関係と魅惑は、極めて密接に関係しているので、それらは一つで同じものであることが分かる。（〔　〕内は河野加筆）(G. 214)

前節の末尾で、ハーマンが因果関係を「実在的対象である人間にとっての感覚的対象の間に求める」ということ、「実在的諸対象が互いに触れあうことはできないので、それを認識する人間という実在的対象の経験の中でイメージとして出会う点に因果関係を見ようとする」と記したが、ハーマンは、もちろんこの感覚的対象のレベルでは対象間の因果関係、因果的な作用は得られるとは考えていない。このレベルでは単に空間的な隣接関係しか得られないのである。因果関係が生じるためには、感覚的対象のレベルではなく、実在的対象のレベルへと反転する必要があるのであり、それを果たすのが魅惑であると見るのである。魅惑は表層的な知覚からその深みにある実在的対象へと誘導するからである。

相互作用は、ただ実在的対象相互のそれであり、したがって魅惑は、ある仕方で実在的対象を働かせなければならない。これは、代替因果の全パラドックスである。そこでは、諸対象は接触することなく接触することができなければならない。そのような相互作用が生じるための唯一の方法は、対象の感覚的実在性がある仕方でより深い実在性の諸特徴へと再び転換されることができるかどうかである。（G. 215）

ハーマンは、「魅惑のもっとも重要なケース」（G. 211）であるメタファー（metaphor）について、オルテガのメタファー論を援用する。オルテガは、先の「芸術論序説」において、ヴァレンシアの詩人ロペス・ピコの、糸杉が「死んだ炎の幽霊のようである（is like the ghost of a dead flame〔és com l'espectre d'una flama morta〕）」の詩句から、直喩の要素である「ような（like）」を削除し、さらに「幽霊」「死んだ」を落として、「糸杉は炎である」というメタファー（隠喩）に変えてメタファーとは何かを論じている。オルテガは、糸杉と炎がなぜ直接的に結び付けられてメタファーが生じるのかについて、糸杉と炎の両者の類似の性質である幾何学的な「線状の外形」にその成立の根拠を求めることを否定し、もしそうであるならメタファーの魅力は消えてしまうと言って、「メタファーは、実在的諸性質の相互の同化（assimilation）ではない」（Ortega, *op.cit.* p.141）のであり、「メタファーは、まさにその中に我々がどんな単なる類似よりもより深くより決定的である二つの事物の間の一致（coincidence）を見出すゆえに、我々を満足させる」（ibid.）のであると指摘する。それでは、メタファーが生じる場所、糸杉が炎と同一になる場所はどこであろうか。オルテガは、それが我々の感情であると言う。

オルテガは、メタファーが語源的には転移（transference）、置き換え（transposition）、「あるものを別の場所に置くこと」[14]を意味するが、メタファーにおいては、転移は常に相互的であり、糸杉は炎でありまた炎は糸杉であるので、この相互性が生じるためには、両者に同じである感情的な場所がある必要があり、「メタファーは、ある事物のその実在的な場所からその感情的な場所への置き換えから成り立つ」（ibid.）と指摘する。オルテガは、「糸杉－感情と炎－感情は同一である。何故か？　ああ、それを我々は知らない。それは、芸術の常に非合理的な事実、詩の絶対的な経験主義である。各々のメタファーは、宇宙の法則の発見を印づけている。そしてメタファーが創造されるときでさえ、我々はなおそれの理由を知らない。我々はただ一つの同一性を感じるだけであり、この存在、糸杉－炎を実際に生きるのである」（ibid.）と述べている。

ハーマンは、オルテガのこのメタファー論を彼の四方構造において次のように解釈する。少し長いがその箇所を引用する。

オルテガは、芸術がRO-SQ（実在的対象－感覚的性質）のタイプの対象－性質の緊張であるという定式へと我々を導いたので、我々は「糸杉が炎である」というメタファーにおけるROの役割が何を演じるのかを厳密に知る問題を持つ。定義によって、メタファーの糸杉は、日常経験の糸杉ではなく、その働いている内面における糸杉、接近不可能な糸杉そのものである。しかし、この糸杉それ自体は、思惟や知覚と同様にメタファーにも現れない。美しいメタファーの最も巨大な軍団でさえ、その内面における糸杉を余すところなく仄めかすことはできない。にもかかわらず、対象と性質はOOOにとってつねに一緒にやって来るので、ただ炎-性質が何らかの方法である対象と融合して、糸杉がかつてそこにあった不可解な空所と融合するのではないゆえに、メタファーは働くことになるのである。このことは我々にただ一つの選択肢を残すことになる。それを我々はたとえその結果が最初奇妙に見えようとも認めねばならない。何故なら、実在的な糸杉が思惟や知覚においてと同様にメタファーにおいて不在であっても、それでもなお芸術についての我々の経験には不在ではない一つの実在的な対象、すなわち我々自身がある。そうなのだ、不在の糸杉のために代役をし、新鮮に清められた炎-性質を支えるのは、我々自身である。これが、言説的な散文の科学的言明の最大の正確さと比較して、純粋な美的経験の力強さと真実さを説明するのに大いに役立つのである。純粋な美的経験――それは単純に我々をうんざりさせない経験を意味する――においては、我々は単に観察者ではなく、カジノのテーブルに我々の賭け金を置いているのであり、あるいはむしろ我々はそのテーブルに我々自身を置いているのである。オルテガはすでに、散文の言明は事物の真の内面へと入り込むことができないことを明らかにした。というのも、散文の言明は真の性質を事物に帰することを試みることによって働くからである。そして事物は諸性質の束ではないので、それは常にその表面的に近似したものになるのである。我々は、オルテガが、散文が失敗するところでメタファーが行うことができると言うことを期待したが、彼はただメタファーがこの努力をすることに成功する「ように見える」と認めただけである。しかしこのことは、いかなる大きな障害にもならない。なぜならメタファーは事物それ自体へと掘り下げるのとは異なった方法を使用するからである。その代わりにメタファーは、不在の糸杉を、炎の諸性質をもつ実在的対象としての我々自身と取り替える。事物それ自体へと掘り下げるのではなく、より高い層へと積みあげるのである。これはどれほど奇妙に響こうとも、すでにわかりきったこととなっている一つの職業的な領域がある。すなわち、コンスタンチン・スタニスラフスキーの有名なシステムが、人が表現する対象に可能な限りなるように試みることを主張する演出技術である。メタファーのこの演劇的な構造は、演劇が他の芸術の根源にあることを強く示唆している。(O. 82-83)

ハーマンは、以上のメタファーのメカニズムを「ワインダークの海」というメタファー表現を例に図2のように彼の四方構造を使って説明している。

この図において、我々は最初に感覚的性質とともに感覚的対象を持つ。感覚的対象にありそうにないが不可能ではない新しい感覚的性質——文字どおりの「ダークブルーの海」よりもメタフォリカルな「ワインダークの海」——を当てることによって感覚的対象「海」は、そのような通常でない性質を認めることができないので隠される(ここから上のSOの消去が出てくる)。ある不思議な実在的対象がその仕事をするために必要とされる。しかし実在的対象としての海はその場

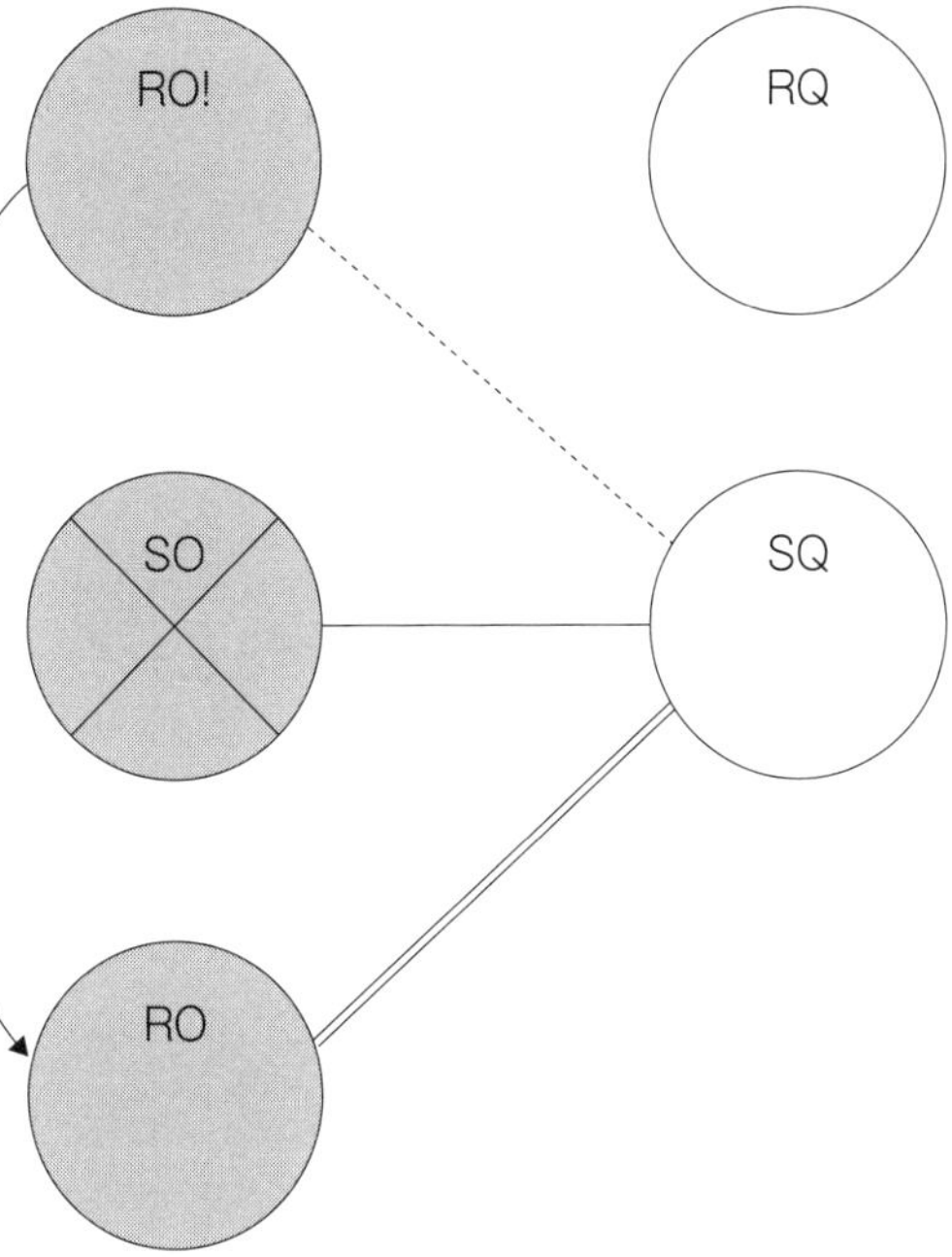

図2：メタファー

面から近づきがたいほどに退隠している（ここから上の最も高いROに感嘆符がつく）ので、メタファーの感覚的性質は、その代わりにその状況から退隠していない唯一のROによって、すなわち私自身、メタファーの実在的な経験者によって、支えられる。（O. 84）

ハーマンは、オルテガがメタファーが対称的（symmetrical）であって、「糸杉は炎である」とも「炎が糸杉である」とも言うことができると見なしているのに対して、メタファーは非対称的であって、両者は異なること、前者では糸杉が対象で炎は性質であるが、後者では炎が対象で糸杉は性質であり、両者はまったく異なると批判する点で、オルテガのメタファー論とは一線を画しているが、それ以外は大筋で考えを同じくしているのである。

ハーマンは、このメタファーの非対称性を因果関係についても妥当すると見ている。「因果関係は、つねにある対象が別の対象に影響を与えるゆえに、非対称的である。相互的な因果関係は決して完全には反射的ではなく、異なった道に沿って展開する二つの異なった過程を要求するのである。言い換えれば、因果関係はつねに一つの感覚的対象と一つの実在的対象との間に生じるのである。しかもいささか逆説的に、能動的であり、魅惑においてより深い実在性へと向かうために壊れるのは、感覚的対象であり、他方、実在的対象の方は、その関係において受動的であり、その感覚的あるいはエレメンタルな形式において安定したままである」(G. 224)。

以上、我々は、オルテガのメタファー論を高く評価するハーマンのメタファー論を見てきたが、しかし、メタファーと因果関係との関係については、今ひとつ明確な解明には至らなかったと言わざるをえない。

7　知識と芸術・哲学

これまで我々は、ハーマンの対象指向存在論の対象とは何か、対象の持つ四方構造とはいかなるものか、そして対象間の関係で重要な因果関係や魅惑について見てきたが、次にハーマンの知識と哲学の関係についての考えを押さえておきたい。この問題は、これまでのハーマンの対象指向存在論についての説明でも所々で触れて来たことでもある。

我々はハーマンが、これまでの哲学が対象をそれよりも深い構成要素に解体したり、それよりも浅いその諸性質や諸関係に埋却したりしてきたことを批判し、解体や埋却、さらには二重解体によっては尽くされない余剰としての対象それ自身の存在、対象それ自体の不可知性、接近不可能性を強調する点を見てきた。科学は対象を解体と埋却、そして二重解体によって対象についての知識を構築していくのであるが、これは対象そのものの認識には至らないというのがハーマンの対象指向存在論の見立てである。それでは、いかなる仕方によって対象そのものの認識に到達するのであるかと言えば、ハーマンはそれを果たそうとするのが芸術であり、哲学であると言うのである。芸術と哲学は「知識（knowledge）の形式であることとなしの認知（cognition）の形式である」（O. 167）と言うのである。

知識は対象を認識することはできず、対象を解体したり埋却したりするだけであるので、「知識が実在への「漸近線的」なアプローチであるという考え、世界に完全には到達することなくそれにつねによりいっそう接近して前進するという考えを排除しなければならない」（O. 169）のであり、「アインシュタイン理論がニュートンのそれよりも真理に「より一層近く」類似している」とか、「良い医療が悪い医療よりも実在のより一層正確な描写を持っている」（同前）ということにはならないとハーマンは言う。

ハーマンにとって、そもそも知識は「真理」には関わらないのである。「知識は、世界の不可能な直接的な開示を意味している「真理」ではありえないので、それはある種の実在との接触を持つ必要があるが、それは、我々が不可能であると見た直接的な種類の接触ではない」（O. 170）のであり、芸術や美学が「実在的対象の知り得ない唯一無二を経験すること」「実在的対象を活動させる」ことにあるのに対し、「感覚的対象の特徴のある種の部分的な把握を得ること」、「あるしかたで実在的性質を描き出す」（同前）ことに過ぎないのである。すなわち、科学的知識は、実在的対象に接近することはできず、せいぜいその諸特徴や諸性質を把握することしかできないのである。

ハーマンは、エドムント・ゲティア（Edmund Gettier）の論文「正当化された真の思惑は知識であるか（Is Justified True Belief Knowledge?）」（一九六三年）を巡って展開された議論に関して、次のように知識を「正当化された真ではない思惑」、芸術・美学を「正当化されない真の思惑」と規定する。

> 知識は、OOOの用語では、解体、埋却、二重解体を意味するので、「正当化された真ではない思惑」として定義されなければならない。というのも、真理は通常の意味で可能ではないからである。「正当化された真ではない思惑」をOOOにおいてそのように興味深くするものは、我々の美学の説明がそれをその反対の「正当化されない真の思惑」であると示したことである。結局、ワインとおなじように海がダークであると主張するためのいかなる科学的な正当化も実際に存在しないにもかかわらず、我々はワインダークの海を、それを演劇的に演じさせる瞬間に把握するのである。（O. 180）

> ワインダークの海を信じるいかなる「正当化」も存在しない。というのも、ありのままの比較からそれは打ち立てられているのではないからである。しかもこの思惑は、真でないことはできない。なぜならそれはそれを信じる働きそのものにおいてそれ自身の対象を創造するからである。したがって、美学を「正当化されない真の思惑」のケースと呼ぶことは筋が通っている。（O. 181）

メタファー、芸術、美学においては、「把握できないRO（実在的対象としての海）は、演劇的にRO（実在的対象としての観察者）によって置き換えられた」（O. 182）が、知識においては、例えば太陽の認識においては、科学は見かけの太陽である感覚的対象や感覚的性質を超えて、太陽の実在的性質を知ろうとするのであるが、実在的対象と同様に実在的性質は直接把握し得ないので、そこで、「観察者はSO（太陽）とRQ（観察者‐諸性質）との結合を生み出すことによって、その仕事をしなければならない」（O. 183）ということになる。「知識において把握される実在的諸性質は、対象それ自身から来ることはできず、その実在（ちょうど美学においてのように）が退隠しているよりもむしろその場面に現前している唯一のものである観察者から来なければならない」（O. 185）のである。しかし、ここでは、「我々から引き出された実在的諸性質はSO（太陽）に貸し与えられるということになる」（O. 183）が、メタファーの場合のように演劇的な人格的没頭は必要ではない。冷静な知的考察で十分なのである。それを四方構造において図示すれば、図３のようになる。

この図は、図２（O. 84）に似た仕方で機能する。我々は、再び、感覚的対象とその感覚的性質の通常のケースで始める。フッサール現象学と同様に、ある事物の明証的な諸性質は、我々に真の知識を与えるには皮相すぎる（ここから上のSQの交差線が出てくる）。しかし、フッサールが対象の実在的性質がたとえ感覚が失敗しても知性によって知られることができると考えるのに対して、OOOは、実在的性質は――実在的対象と同様――感覚的経験と知性的経験の両者から退隠していると主張する。ここから最上部のRQの感嘆符!が出てくる。この理由のために、感覚的対象SOは知る者としての私自身がテーブルにもたらす代替物RQとのみ結合することができる。(184)

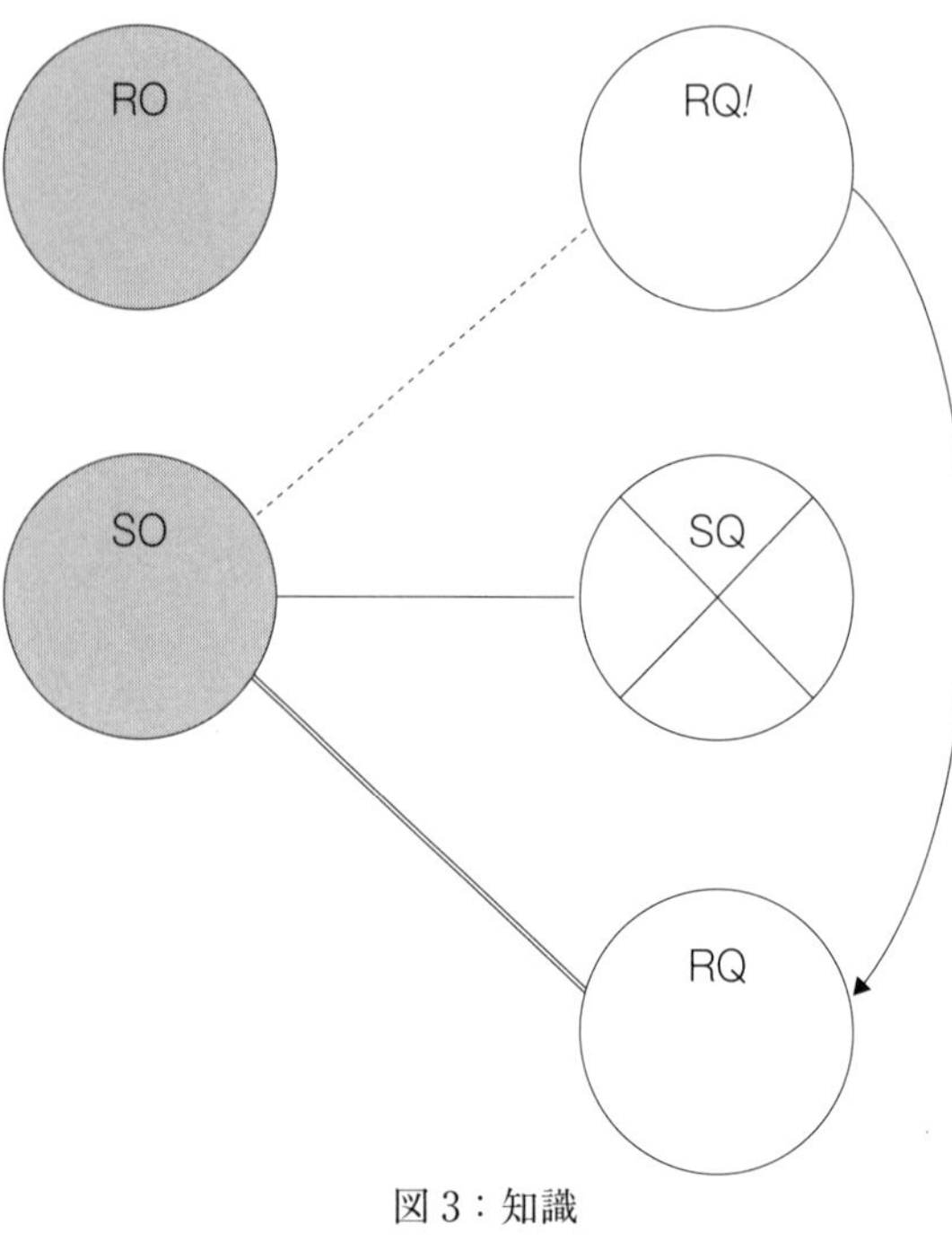

図3：知識

ハーマンは、この観察者によって付与される実在的性質をトマス・クーンのパラダイムのようなものであると見なしている。ハーマンは、パラダイムを、「世界を厳密に写し取るのではなく、より良いものによって置き換えられる」(O. 191-192)ゆえに「真でない思惑」であるが、ラカトシュの言うリサーチプログラムのようにより実りのある仕事に力を与えることができる限りで「正当化された思惑」であると考えている。これは、結果的には科学を仮説演繹法による認識活動と見なす穏当な見方に近いものではないかと思われる。

それでは最後に、哲学はどうか、哲学はいかなる位置取りをとるのであろうか。

ハーマンは、哲学が数学や自然科学とではなく、芸術と密接な関係を持つと主張する。一般に、哲学は、タレスやアナクシメネス、エンペドクレスやデモクリトスなどの前ソクラテスの自然哲学者から始まったと見られているが、ハーマンは、哲学を「知恵の愛」として明確化したソクラテスに始まると主張する。ソクラテス以前の自然哲学者たちは、「中くらいの日常的な諸対象を解体する」（O.44）解体者であっても、ものそれ自体（things themselves）を明らかにしようとする哲学者ではないからである。ソクラテスが行った徳や正義や友情の探究は、解体の方法によってではなく、その最終的な定義には常に行き着かなかったとしても、それを常に求めつづけることであった。哲学とは、まさにこのような知恵の愛なのである。芸術の役割が知識を伝達することではないように、哲学の役割も知識を伝達することではなく、「事物そのものの中に囚われ取り囲まれた諸力を解き放つための失われた能力を覚醒させる」（T. 2）ことなのである。それは、諸対象を自然科学に委ねて、哲学を言語分析のようなゲットー的なその「固有の領域」に閉じ込めるのではなく、諸対象そのものを考察の対象とすることなのである。現在、「哲学は岩や星、木々の世界についてのすべての主張を放棄し続けている。哲学者たちは、彼らの領域での物理学や認知科学の侵犯によってあまりにも思い煩っているので、彼らは哲学の永遠のホームランドである実在そのものに対する闘いを恐れて、言語的‐プラグマティックなゲットーに閉じこもってしまっている」（T. 105）のである。ハーマンは、この囚われた哲学を解放しようとするのである。それが、ハーマンの言う『ゲリラ形而上学』である。

注

（1）Graham Harman, *Quentin Meillassoux: Philosophy in the Making*, Edinburgh University Press, 2011

（2）Graham Harman, *Tool Being, Heidegger and the Metaphysics of Objects*, Open Court Publishing, 2002　本書からの引用は、本文中にT. の後にその頁数を記す。

（3）Graham Harman, *Guerrilla Metaphysics: Phenomenology and the Carpentry of Things*, Open Court Publishing, 2005　本書からの引用は、本文中にG. の後にその頁数を記す。

（4）Graham Harman, *L'objet quadruple: Une métaphysique des choses après Heidegger*, Paris: PUF, 2010. Original English text published as *The Quadruple Object*（2011）.『四方対象――オブジェクト指向存在論入門』岡嶋隆佑監訳、山下智弘・鈴木優花・石井雅巳訳、人文書院、二〇一七年。本書からの引用は本文中に、Q. の後に翻訳書の頁数を記す。

（5）Graham Harman, *Object-Oriented Ontology: A New Theory of Everything*, PELICAN BOOKS, 2018　本書からの引用は、本文中にO. の後にその頁数を記す。

（6）ソール・A・クリプキ『名指しと必然性――様相の形而上学と心身問題』八木沢敬・野家啓一訳、産業図書、一九八五年、五五頁。

（7）ハイデガー『存在と時間』原佑・渡辺二郎訳、中央公論社・世界の名著74、一九八〇年、一五九頁。

（8）「接着されたダイヤモンド」と「オランダ東インド会社」については、グレアム・ハーマン『非唯物論オブジェクトと社会理論』上野俊哉訳、河出書房新社、二〇一九年、五一～五三頁参照。なお、これ以後、本書からの引用は本文中に、I. の後にその頁数を記す。

（9）An Essay in Esthetics by Way of a Preface, in Ortega y Gasset, José. *Phenomenology and Art*. P. Silver, New York: Norton, 1975, pp.127-150

（10）Ortega. *op.cit.*, p.134

（11）Graham Harman, *Quentin Meillassoux: Philosophy in the Making*, 2nd Edition, Edinburgh University Press, 2015, p.103

（12）「小石」以下の訳を少し変えている。

（13）Graham Harman, "On Vicarious Causation", *Collapse*, no.2, pp.187-221. グレアム・ハーマン「代替因果について」岡本源太訳、『現代思想』青土社、二〇一四年一月号、一〇〇〜一〇一頁。訳文は翻訳より。但し、一部訳文を変えている。

（14）Ortega. *op.cit.*, p.145

第9章　実在論をどう考えるか

以上のように本書では、二一世紀になってからの実在論の新しい展開について、カンタン・メイヤスー、マウリツィオ・フェラーリス、マルクス・ガブリエル、グレアム・ハーマンの四人の哲学者、そしてすでに二〇世紀後半に独自の実在論を展開したロイ・バスカーについて、その理論内容を私自身のコメントも交えながら提示してきたが、メイヤスーの「偶然性の必然性」の主張に対する批判を込めて「因果的必然性をどう考えるか」を論じたように、本書を閉じるにあたり、最後に実在論にまつわる問題を考えるために「実在論をどう考えるか」を論じたい。

そこでまず「実在論（realism）」の定義を差し当たって「意識から独立した存在を認める立場」と定義したい。我々が知覚したり考えたりしていることとは独立して存在する事物の実在を認めることである。実在論に反対する立場は、バークリの主観的観念論、カントの超越論的観念論、ヘーゲルの絶対的観念論、フッサールの現象学などであるが、いずれも人間の意識的な世界を離れてそれ自体の存在を認めないか、カントのように物自体としてその存在を認めても、それについてのいかなる言及もなしえないと考える不可知論的な立場である。

1　知覚的世界と物理的世界

そこで実在論についてこれから考えていくことになるが、まずグレアム・ハーマンの対象指向存在論が提示した「四方構造」を手がかりに考えたい。ハーマンの感覚的対象と感覚的性質は、フッサール現象学の対象であるが、実在的対象と実在的性質は人間の知覚の直接の対象ではなく、人間が思惟することを止めたり存在しなくなったりしてもそれ自体実在し続ける存在である。ハーマンは、前章で見たように「実在的対象と実在的性質はそれら自身において存在しているが、感覚的対象と感覚的性質は、人間的であれその他のものであれ、ある実在的な対象の関係項としてのみ存在する」（O. 80、本書二二三頁）と言い、実在的対象と実在的性質は、人間の意識から独立に存在しているが、感覚的対象と感覚的性質は、人間の意識に対して現れるものであると考えている。

私は、ハーマンのこの感覚的対象・性質と実在的対象・性質の対比を、知覚的世界と物理的世界の対比として言いかえたい。ハーマンは、実在的対象相互は互いに触れあうことができず、隔絶し孤立していると言うが、これによってハーマンは、実在的対象に対して不可知論の立場に陥っている。カンタン・メイヤスーは、ガリレイやデカルト、ロックが世界の認識に関して設定した数学的諸性質である第一性質と、色や匂い、味や熱などの第二性質の区別を復活し、知覚的世界のうち第二性質を知覚的世界にのみ属する性質とし、第一性質のみを人間の意識から独立の世界そのものの持つ性質として、世界の客観的認識を得ることの可能性を示したが、ハーマンは、実在的対象の存在を唱えながら、その認識の不可能性を主張した。

今、書斎で椅子に座った私によって得られる知覚的世界には、机や本棚、本やペン、窓の外の木や隣家の屋根、その上に広がる空や山々といった感覚的対象があり、そのそれぞれの対象には、様々な性質がある。それらの諸対象は、幻想や夢の世界ではなくこの知覚的世界に実在している。しかし、その知覚的世界は、まさしく私の知覚的世界であり、もし私が存在を止めれば、あるいは意識を失えば、その世界を構成する机や本棚がなくなってしまうのではないとは言え、私の知覚的世界はなくなってしまうし、もし全人類が存在を止めれば、その知覚的世界そのものもなくなってしまう。

ところで、この知覚的世界の成り立ちについて、ヒューバート・ドレイファスとチャールズ・テイラーは、その共著『実在論を立て直す』[1]において、デカルトやロックによって唱えられた知識の媒介説（mediational theory）を批判し、ウィトゲンシュタインやハイデガー、メルロー＝ポンティーによって唱えられた知識の接触説（contact theory）を主張する。

媒介説とは、「私たちは外的実在を内的な表象をとおしてとらえるのだという考え」（DT. 2）であり、デカルトは「私の外にあるもののいかなる認識をも、それについて私が私のうちに持つ観念を介してでないかぎりもちえないと確信している」[2]と言い、ロックも、「心が考察する事物はそのいかなる物も、心自身は別にして、知性に現前しないので、心が考察する事物の記号（sign）あるいは表象（representation）として他の何かが心に現前する必要がある。これが観念である」[3]と言って、心は外的事物を直接知覚することはできず、心は「それ自身の観念以外のいかなる他の直接的な対象も持たないので、我々の知識はただ観念に関わるだけである」[4]と述べて、ドレイファス／テイラーの言うように媒介説を唱えた。この媒介説では、外的世界への接近は「表象、記述、観念、信念、真と見なされた文など」（DT. 16）を介してのみ可能であるとする立場であるが、それに対して、接触説は、古代のプラトン、アリストテレスに始まり、現代のハイデガー、メルロー＝ポンティー、ウィトゲンシュタインなどの考え方で、「生きて活動している存在者は、世界と直接触れ合っている」（DT. 29）と見るのである。

媒介説では、知覚的世界について内としての心と外としての世界の分裂が出てきて、ここから知覚内容が外的世界と対応しているかどうかについて懐疑主義や相対主義、非実在論が出てくるのに対して、接触説では、我々は身体的に世界と接触しており、知覚的世界に棲み込んでいるので、そのような懐疑主義など生じる余地はない。接触説では、内と外という乖離は生じないからである。我々は、身体的に世界と直接触れ合っており、知覚的世界という実在の世界に生きているのである。

このようにしてドレイファス／テイラーは、媒介説を退け、接触説によって実在的世界としての知覚的世界の成り立ちを理解しようとするのであるが、ローティがここで留まり「デフレ的実在論（deflationary realism）」を唱えるのに対して、彼らはこの知覚的世界に留まることなく、意識から独立の実在的世界、物理的世界についても考えようとする。「私たちが直接出会う対象は、私たちが日常的な世界へと身体的に埋め込まれていることによって形作られているということをさらに認めてしまうと、人間とのどんな相互作用からも独立してそれ自体で存在するものごとを理解する可能性は、私たちにはもう意味をなすことがありえないように見えてくる」（DT. 215）ことになり、そうすると「それ自体であるがままの宇宙へのアクセスをすべてふさいでしまうように見える」（DT. 216）からである。

そこでドレイファス／テイラーは、彼らが「頑強な実在論（robust realism）」と呼ぶ実在論の立場を唱える。それは、「私たちに対して現れる日常的な世界のものごとへの身体的な直接的アクセスと、科学が記述するのは私たちの身体能力や対処実践から独立したそれ自体であるがままの宇宙のものごとであるという実在論的な見解との両方を擁護する議論」（DT. 216）であり、彼らの唱える接触説による知覚的世界とともに、自然科学の研究対象としての意識から独立の実在的世界を認めようとするのである。

ドレイファス／テイラーは、この自然科学の研究対象としての実在的世界が、オーソドックスな科学史どおり、ガリレオとその同時代人によって発見されたと次のように言う。

> ガリレオとその同時代人は、私たちが日常的な世界の直接的で身体的な経験を括弧入れできるということを発見したのだった。私たちは、自分たちの感覚や物質的身体の形態および能力に依存する日常的な事物の性質から注意をそらすことができ、さらには、独立的な実在と接触する経験からも、注意をそらすことができるのである。それによって私たちは、色・方位・固形性・重さなどをもつ知覚可能な事物を排した物理的宇宙——近さや遠さ、上と下、先と後がいっさいない宇宙——を発見し、探究できる。（DT. 230）

これは、日常の知覚的世界の背後に実在する物理的世界の発見であり、デカルトやロックの考えた色や匂いなどの感覚的諸性質や人間中心的な世界とは独立の実在的世界の発見である。ドレイファス／テイラーは、このように知覚的世界と同時に、知覚的世界とは独立の物理的世界の存在を認めるのであるが、それでは、この両者、知覚的世界と物理的世界の関係はどのように捉えられることができるのであろうか。

2　知覚的世界と物理的世界の関係

ドレイファス／テイラーは、この両者の世界の関係について、知覚的世界が身体的に直接接触し、身体に埋め込まれた世界であるのに対して、物理的世界は、「どこでもないところからの眺め（view from nowhere)」(DT. 114) であるという見方をするが、この両者の世界の関係を必ずしも明確にしているとは言えない。後者の物理的世界が「どこでもないところからの眺め」であれば、それは常に身体的に埋め込まれた世界である知覚的世界との関係が切れているからである。

しかし私は、この両者の世界は、空間的時間的に重なっていると言いたい。この「重なっている」というのは、全面的に重なっているのではなく、身体的な近傍において重なっているということである。私は、かつてデカルトを研究していたとき、「デカルトにおける知覚的世界と物理的世界」[5]を書いたが、そのなかで両者の関係について、「知覚的世界の物体の一定の形、大きさ、運動が、その知覚されている物体の感覚されない諸部分、純粋な知性によってのみ捉えられる諸部分の形、大きさ、運動から合成せられたものであるということ、その意味で、知覚された限りでの形、大きさ、運動によって構成されている世界は、そのまま、物理的世界に重なっているという結論にたどりつく。……デカルトは、我々の感覚を通じての形、大きさ、運動の知覚能力は、一定の距離よりも遠いところにある対象の場合や、その他錯覚に陥る場合には誤ることが多くあることを認めながら、距離が充分に近い対象の場合や、我々の経験に整合性をもたらす知覚については、それらの形、大きさ、運動の知覚は、そのまま物理的世界を表していると考えている」[6]との結論に至った。

私は、知覚的世界と物理的世界の関係について、現在もこの結論を保持している。色や匂い、味、温、冷などの第二性質は、我々の知覚的世界にしか存在しないが、形、大きさ、運動などの第一性質は、知覚的世界と同様に物理的世界にそのまま重なって存在しているのである。我々の知覚的世界はまさに身体に埋め込まれた世界であり、上や下、右や左、遠近の世界であるが、それに対して物理的世界は大きさにおいても小ささにおいても均質な空間の世界である。しかし、身体の近傍では、両者の世界は重なっているのである。私が床に寝そべるとき、私が感じている身体の長さは、そのまま床の物理的世界と重なっているのである。私の身体から離れていくに従い、両者の世界は乖離していき、知覚的世界がいびつでゆがんでおり有限であるのに対し、物理的世界は均質に無限に広がっているのである。このことは、時間についても言えるのであり、時間の場合はその重なりが極めて小さいものであり、ほとんどないと言えるであろうが、それでも一瞬において重なっているのである。そうでなければ、物理的世界を位置づけることはできないのである。確かに物理的世界は、人間中心的な世界ではないし、ドレイファス／テイラーが言うように、「どこでもないところからの眺め」の世界であるが、しかし我々は、物理的世界について、宇宙の一三八億年前のビッグバンの時間や、それから一〇〇万分の一秒後に素粒子が誕生したことについても知覚的世界としての現在から位置づけることもできるし、宇宙空間についても何万光年、何億光年の距離、また10^{-9}メートルの水分子や10^{-15}メートルの陽子の大きさについても理解することができるのである。

3　知覚表象説について

ドレイファス／テイラーは、知覚的世界の描像について、デカルトやロックの媒介説を退けて接触説を唱えるが、その場合、媒介説を退ける理由として、媒介説が前提している知覚表象説(representative theory of perception)が持つ不合理性が指摘される。彼らの接触説の立場は、我々が見てきたマウリツィオ・フェラーリスの新実在論の立場、そしてヒラリー・パトナムの自然な実在論の立場に近い。

私は、知覚的世界のあり方については、この接触説の言うとおりのあり方をしていると考える。すなわち、知覚的世界を我々は我々の内的な心的表象や観念を介して知覚するのではなく、直接的に知覚しているのである。その点では、媒介説は間違っており、知覚表象説も間違っている。デカルトやロックは、我々が直接知覚するのは観念であって事物ではないと言ったが、我々は知覚的世界の中の事物を直接知覚しているのである。つまり観念を介して知覚的世界を知覚しているのではないのである。マルクス・ガブリエルもまた、「わたしが緑色のリンゴを知覚しているのであれば、そこにあるのは緑色のリンゴにほかならない」(7)ということ、「わたしたちが知覚しているのは、果物鉢に盛られたリンゴであって、リンゴの視覚的模像（Abbild）などではない」[8]と言って、知覚表象説を批判するが、知覚的世界のあり方についてはその通りである。

しかし私は、知覚的世界のあり方についてはこれらの論者の言う通りであるが、知覚的世界の成立については、我々の知覚的世界の背後に、それとは独立に存在する物理的世界の存在を認め、知覚的世界がこの物理的世界から因果的に生じさせられているという「知覚の因果説（causal theory of perception）」を擁護したい。接触説では、なぜ感覚的な知覚的世界が与えられるのかを説明するのではなく、その世界が与えられている事実をそのまま前提してこの問題を問わず、知覚的世界がなぜ与えられているのかというその受動性の説明を不問に付すからである。

感覚的な知覚的世界がどのように生じさせられるのかについては、哲学史上、様々な見方が唱えられてきた。プラトンは、『ティマイオス』[9]において、視覚の成り立ちについて、眼から出るサーチライトの光が諸対象に当たって跳ね返ることによってその視覚像が得られると説明したし、エピクロス派のルクレチウスは、諸物体の表面から剥がれた薄膜のような映像（simulacra）が眼を介して精神に届くことによって成立すると考えた[10]。しかしこれらの考えに対してデカルトは、『屈折光学』において、現代の視覚理論に通じる決定的な見方を提示した。それは、デカルトが身体の生理学的な研究、眼などの感覚受容器と神経、脳についての解剖学的生理学的な研究をもとに、感覚知覚成立のメカニズムを解明しようとしたことが大きい。デカルトは、当時のスコラ哲学者を悩ましていた「志向的形質（espèces intentionelles）という名の、空中を飛びまわる小さな形像」[11]から解放され、「感覚するためには対象から脳まで送られてくるなんらかの形像を魂が考える必要がある」[12]ということを前提しないで、視覚成立の説明を行ったのである。すなわちデカルトの感覚知覚成立のメカニズムは、対象を構成する物質の第一性質の配置の多様性に対応した作用を眼などの感覚器官が受け取り、それが神経を介して脳にまで送られ、脳における変化の多様性に対応して、そこに位置する精神が対象についての多様な知覚を形成すると考えるのである。この感覚知覚成立のメカニズムでは、対象から脳までは、純粋に物理的生理的な過程であり、精神において初めて心的過程が始まり、知覚的世界が生じるのである。

ところでこの場合、物理的生理的な過程は、知覚している当人には知覚することはできず、第三者による観察によってしか認識することはできないことであり、知覚している当人が知覚するのは、あくまでその物理的生理的過程を経て得られる知覚的世界でしかないということである。ここにはすでに、物理的対象と知覚的対象、物理的世界と知覚的世界の関係の問題が出てきているのであるが、我々は、両者の世界が身体の近傍で重なっているということで考えていきたいのである。

4　何が実在しているのか

先に私は、実在論を「意識から独立した存在を認める立場」と定義した。実在論とは、我々が知覚したり考えたりしていることとは独立して存在する事物の実在を認めることであるとした。そうすると、知覚的世界は、意識された限りにおける世界であり、意識から独立して存在しているのではないので、この知覚的世界の存在しか認めない立場は、実在論ではない。バークリやカント、現象学、ローティのデフレ的実在論は、この立場である。

これに対して、知覚的世界を幻想の世界としてその実在性を認めず、物理的世界の存在しか認めない実在論は、どうであろうか。知覚的世界の実在性を認めない立場は、妥当であろうか。知覚的世界それ自身も実在的な世界なのではないか。我々の日常的な世界、知覚的世界は、夢や幻想ではなく、実在的な世界である。我々はこの世界の中で日々、生活しているのである。

本書で取り上げたロイ・バスカーは、「経験や事象からなる経験的世界が実在的世界であって、原子や電子などの科学的世界は実在的世界というよりも経験的世界を理解するための道具的な存在であると見る日常言語学派と、その逆に、真の実在の世界を原子や電子などの物理的世界に見て、感覚で捉えられる日常的な世界の実在性を幻想と捉える物理主義者」(本書一四三頁)の両者を批判して、両者の世界をともに実在的な世界と見た。日常的な世界を構成している机や椅子、ペンなどの知覚的世界と、原子や電子などの物理的世界の両者をともに実在的な世界と見て、両者の世界の関係を因果的な関係として次のように捉えたのである。「その関係は実在物と想像物との関係ではなく、そのうちの一つが極めて小さい二つの種類の実在物の間の関係である。例えば、電子と机との関係は因果連関の観点から理解されるべきであって、対応規則によって関係づけられるべきではない。結果はそれが結果であるということのせいで実在性の度合いが低いとか、それらを記述する言明は真実度がより低いということはないし、また、原因はそれが知られにくいというせいで架空のものでなければならないということではない」[13]。結果としての知覚的世界は、原因としての物理的世界と因果的実在的に繋がっているのであって、知覚的世界は夢でも幻影でもなく、実在的世界なのである。

したがって、実在論の立場とは、我々が最初に定義したように単に「意識から独立した存在を認める立場」ということでは、十全な定義ではなく、それは実在論であるための必要条件でしかないのである。それ以外に、経験的世界、知覚的世界の実在性を認めることがあってもよいのであり、むしろそうでなければならないのである。我々が本書で見てきたカンタン・メイヤスー、ロイ・バスカー、マウリツィオ・フェラーリス、マルクス・ガブリエル、グレアム・ハーマンといったすべての実在論者は、このことを積極的に認めているのである。

もちろん知覚的世界においても、現実の知覚と夢や幻想の世界が区別される必要があり、その点で、「何が実在しているのか」という問い、実在しているものは何であるかを考える必要がある。というのも、マルクス・ガブリエルの意味の場の存在論では、世界以外のすべてのものの存在を認める立場であり、夢や幻想も存在しているからである。

ガブリエルは、感覚で知覚される果物鉢に盛られたリンゴ、向こうに見える山々、夜空の星々、銀河星団、それらを構成する原子や分子などの物質的存在だけでなく、ドイツ連邦共和国、民主主義、株式会社、法律、負債などの社会的存在、小説、映画、彫刻などの芸術作品、そして詩や神話、映画などによって描かれた世界もすべて同じ権利において実在しているというが、本書で見てきたように、これは行き過ぎであり、「何が実在しているのか」ということでは、ハリー・ポッターや一角獣は小説や伝説の中に存在しているとしても、実在しているとは言えないであろう。

グレアム・ハーマンの対象指向存在論においては、実在するものである「対象」は、イルカや石のような自然的なものだけではなくプラスチックのコップや風車などの人工物、軍隊や東インド会社、怪獣のような空想や虚構の存在、さらにはマイノングの四角い円もまた対象として存在する。しかしハーマンは、怪獣やポパイのような架空の存在については、感覚的対象であっても実在的対象ではないと主張する。ハーマンによれば、たとえ虚構世界のキャラクターが我々に影響力を及ぼすことができるからといって、実在的対象とは言えないと言うのである。この点でハーマンは、彼とともに対象指向存在論を展開するレヴィ・ブライアントとは袂を分かっている。「精神のうちにあるものを、それがわたしに影響をおよぼしているという理由だけで、実在的であるとみなす点にかんしては、ブライアントに同意することはできない(14)」のである。この点は、マルクス・ガブリエルの虚構世界の実在性についての考えに対する私の批判と共通している。ハーマンにとって、アニメキャラクターや一角獣のような対象は、感覚的な対象としてそれらが「どれほど多くの影響をおよぼそうとも、けっして実在的ではない(15)」のである。

5 実在論と唯物論

本章を閉じるにあたって、最後に実在論との関係で「唯物論」について考えておきたい。二一世紀になってからの実在論的転回において、単なる「実在論」ではなく「唯物論」でなければならないと言ったのはカンタン・メイヤスーのみである。それに対して、マルクス・ガブリエルとグレアム・ハーマンは、明確に唯物論に反対しており、ハーマンは、『非唯物論(16)』との名指しの唯物論批判書も出している。

メイヤスーが自らの立場を「思弁的唯物論」と呼ぶのは、非有機的な物質が基礎になって、そこから生命が創発し、その非思惟的な生命から理性的な思惟が創発してきたとの存在論がベースになっているからである。その意味では、メイヤスーは物質だけではなく、生命や思惟の存在、精神の存在を認めているのである。メイヤスーが自らの立場が単なる「実在論」ではなく「唯物論」であると言うのは、生命や思惟が物質を基礎にしているということを言いたいからであろう。

唯物論の立場は、物質しか存在しないということではなく、生命、感覚、意識、自己意識などの存在、また国家や株式会社、学校や裁判所、銀行、貨幣、資本などの社会的制度、法律や雇用関係などの社会的関係の存在も認めるのであり、これらの存在が究極的には物質の存在に依拠しているとしても、それらが物質であると言っているのではないのである。

その点で、ガブリエルの新しい実在論が「ドイツ連邦共和国も、未来も、数も、わたしの見るさまざまな夢も、どれも存在している」[17]と言うが、そのことが唯物論と抵触することはないのである。ガブリエルは、「宇宙のみが、物質のみが存在するという科学主義（Szientismus）や自然主義（Naturalismus）、そして唯物論（Materialismus）に反対する」（本書一九一頁）と言うが、しかし唯物論は宇宙において「自然法則にしたがって素粒子が移動したり、影響を与え合ったりしていて、それ以外のことは存在しない」[18]と言っているのではないのである。

マウリツィオ・フェラーリスは、カール・マルクスの『フォイエルバッハに関するテーゼ』第一テーゼの「フォイエルバッハは、思惟対象から実在的に区別された感覚的な対象を欲する、しかし彼は、人間の活動性それ自身を**客観的な**活動性として考えない」の重要性を指摘し（本書一七五頁）、人間の活動が対象化された社会的対象についてもマルクスがその史的唯物論の対象として位置づけた点を評価しているが、株式会社や民主主義、結婚や葬儀などの政治制度や社会制度、交換や貸借契約、負債などの経済活動、また宗教や思想などのイデオロギーや芸術などの文化活動も唯物論の研究対象になるのである。

グレアム・ハーマンは、唯物論について、それが対象を原子などの要素に解体すると同時に、その原子を硬さや触知可能な性質などの集合にすぎないものと見なすので、「対象をたんに解体、あるいは埋却するからではなく、これら二つの操作を同時に実行する立場」であり、この点において「唯物論は、あらゆる対象(オブジェクト)指向哲学の宿敵である」[19]と批判する。

しかし、唯物論は、対象を原子などの要素に解体してしまうのではなく、対象の持つ諸階層、諸次元の独自性を認めてその階層の独自の性質を探究するし、また対象を性質の集合に還元して埋却してしまうことはなく、性質に解消されない対象そのものを想定しているのであり、それ故になおその諸対象の新しい性質を探究する道を開いているのである。

注

(1) ヒューバート・ドレイファス/チャールズ・テイラー『実在論を立て直す』村田純一監訳、染谷昌義・植村玄輝・宮原克典訳、法政大学出版局、二〇一六年。Hubert Dreyfus & Charles Taylor, *RETRIEVING REALISM*, Harvard University Press, 2015　なお、本書からの引用は、本文中にDT. の後に邦訳の頁数を記す。

(2)「一六四二年一月一九日付ジビュー宛ての手紙」。『デカルト全書簡集』第五巻、持田辰郎ほか訳、知泉書館、二〇一三年、七五頁。
(3)ジョン・ロック『人間知性論』四巻二一章四節。
(4)ジョン・ロック『人間知性論』四巻一章一節。
(5)河野勝彦『デカルトと近代理性』文理閣、一九八六年、九九〜一〇八頁。
(6)同前、一〇八頁。
(7)マルクス・ガブリエル『なぜ世界は存在しないのか』清水一浩訳、講談社選書メチエ、二〇一八年、一七四頁。
(8)同前。
(9)「火のうちには、焼く力は持っていないけれども、穏やかな(ヘーメロン)光――つまり、日ごとの昼間(ヘーメラー)に固有の光――をもたらすという性質があるので、神々は、およそそういったものが一つの身体になるように仕組んだわけなのです。というのは、われわれの内部にもそれと兄弟分の純粋な火があるので、神々はそれが目を通って流れるようにしたのでして、そのさい、目の全体もそうですが、特にその中心部を圧縮して、これを目のつんだ、なめらかなものにし、それが他の、自分より粗大なものはすべて堰止め、先に言ったような純粋なものだけを、自分が純粋であることによって濾過するようにしたのです。そうすると、視線の流れの周囲に昼間の光がある時には、「似たものが似たものに向かって」出て行って合一し、目から一直線上に、どの方向にせよ、内から出て行くものが外界で出くわすものと衝突してこれに抵抗を与える、その方向に向かってひとつに馴染み合った身体が形成されました。すると、その身体全体は、等質なものですから、作用の受け方も一様だということになり、自分自身が何に接しようと、また他の何ものがそれに接しようと、それらのものの動きを、全身を通って魂まで伝達し、われわれが、それによって見ると言っているところの感覚(視覚)をもたらしたのでした。しかしそれ(視覚の流れ）は、夜が近づいて来て自分と同種の火が退いて行ってしまうと切られてしまうのです。」プラトン『ティマイオス』45c〜46c、『プラトン全集』12、岩波書店、一九七五年、六五〜六六頁。

（10）「物の映像と称するものの存在しているということを君の為に説き始めることとしよう。この映像は、いわば諸物体の最上表面から剥がれた薄膜のようなものであって、空中を彼方此方飛び歩き、我々が眼をさましている時には我々に出会って心を恐怖に陥れたり、又眠っている時にも往々不可思議な幻影や又死亡した人々の姿を見る時もあって、……諸物体のこの映像、即ち稀薄な姿は、その物体の表面から放出されるのである。これは、いわば物の薄膜ないし皮とでも称すべきものである。即ち、この映像は、放たれて出て来るその元のとそっくり似た外見と形体とを有しているからである。」ルクレチウス『物の本質について』樋口勝彦訳、岩波文庫、一九六七年、第四巻26-41、一六〇頁。

（11）デカルト『屈折光学』青木靖三・水野和久訳、『デカルト著作集』1、白水社、一九七三年、一一六頁。

（12）同前、一三六頁。

（13）Roy Bhaskar, *A Realist Theory of Science*, The Harvester Press, 1978, p.59　ロイ・バスカー『科学と実在論――超越論的実在論と経験主義批判』式部信訳、法政大学出版局、二〇〇九年、六六頁。翻訳は変えているところもある。

（14）グレアム・ハーマン「オブジェクトへの道」飯盛元章訳、『現代思想』二〇一八年一月号、一二五頁。

（15）同前。

（16）グレアム・ハーマン『非唯物論――オブジェクトと社会理論』上野俊哉訳、河出書房新社、二〇一九年　Graham Harman, *Immaterialism: Objects and Social Theory*, Polity Press, 2016　なお本書では、ハーマンは、ブルーノ・ラトゥールらのアクター・ネットワーク理論（ANT）を唯物論、ハーマンの対象指向存在論を非唯物論と捉えて、その立場からの歴史的社会的出来事――本書では、オランダ東インド会社の創生、成熟、衰微、終焉――を説明しようとする。ANTが対象をもっぱらアクターとして捉えるのに対し、ハーマンの対象指向存在論は、対象をそれに埋却されない余剰を持つものと捉えるのである。

(17) マルクス・ガブリエル『なぜ世界は存在しないのか』一六〜一七頁。

(18) 同前、一五九頁。

(19) グレアム・ハーマン『四方対象――オブジェクト指向存在論入門』岡嶋隆佑監訳、山下智弘・鈴木優花・石井雅己訳、人文書院、二〇一七年、二七頁。

あとがき

私は大学、大学院でデカルトを研究し、その後も四〇歳を過ぎるまで、ジョン・ロックの経験論やその影響のもとにあったコンディヤックを研究してきたが、その後は、哲学史研究から離れて、生命倫理や環境倫理という現代的な課題を考えるようになった。しかし、今から五年前の大学退職の前後あたりから、新しい実在論の文献を読むようになった。大学院時代のような若い研究者の姿勢で文献を読むスタイルを取り戻し、本書で取り上げた思想家のそれぞれの個性的な理論展開を味わうことができた。それは同時に、デカルトやロック、ヒューム、カントといった古典的な近世哲学を再び思い出し、理解し直すことでもあった。

今回、メイヤスーの因果的必然性についての批判を書いているとき参照させていただいたヒューム『人間本性論』第一巻の翻訳と周到な解説を書かれた木曽好能氏については、大学院時代からロック『人間知性論』の読書会をしていただいた時に感じたその執拗で鋭利な思考を改めて感じることができた。とりわけ、「実在的な結合は、論理的に必然的な結合を含むが、それよりははるかに広いのである。それゆえ、ヒュームの理論的破綻は、西洋近世の多くの古典的哲学者たちの理論的破綻を象徴するものであった」(『人間本性論』解説、三八二)(本書一一七頁)という洞察には、西洋近世哲学へのラディカルな批判が込められていて、胸のすく思いで読むことができたし、この批判は、ハレやバスカーのヒューム批判と同一線上にあるものであった。

ところで実在論の新展開で展開されている本書で取り上げた哲学者たちは、いまだ発展途上というか、さらに思想展開を遂げていくものと思われるが、私としてはようやく哲学の本来の軌道に戻ったという気がしている。そして実在論を考える場合には、やはりデカルトやロックに戻って考える必要があるという思いを強くしている。フェラーリスの感覚経験の修正不可能性は、夙にデカルトによって指摘されていたし、その受動性についてもそうである。

本書の各章の初出については、以下の通りである。

第1章　カンタン・メイヤスーの思弁的唯物論（関西唯物論研究会編『唯物論と現代』五六号、二〇一六年一一月、二一～一九頁）
第2章　カンタン・メイヤスーの偶然性の必然性について――因果的必然性をどう考えるか（関西唯物論研究会編『唯物論と現代』五八号、二〇一七年一一月、六九～八六頁）
第3章　カンタン・メイヤスーにおける物自体の存在とその無矛盾性の証明（書き下ろし）
第4章　因果的必然性をどう考えるか――カンタン・メイヤスーの思弁的唯物論批判（書き下ろし）
第5章　ロイ・バスカーの超越論的実在論（書き下ろし）
第6章　マウリツィオ・フェラーリスの新実在論（関西唯物論研究会編『唯物論と現代』六二号、二〇二〇年六月、三〇～五一頁）

第7章　マルクス・ガブリエルの「新しい実在論」（投稿中）
第8章　グレアム・ハーマンの対象指向存在論（書き下ろし）
第9章　実在論をどう考えるか（書き下ろし）

本書は、私が初めて哲学研究を『デカルトと近代理性』として刊行した文理閣から出版していただいた。黒川美富子代表、山下信編集長に厚くお礼を申し上げたい。

二〇二〇年三月一〇日

河野勝彦

著者紹介

河野勝彦（こうの　かつひこ）

1945 年　姫路市にうまれる

1975 年　京都大学文学研究科博士課程単位取得満期退学

現　在　京都産業大学名誉教授

著　書　『デカルトと近代理性』文理閣、1986 年

『環境と生命の倫理』文理閣、2000 年

『死と唯物論』青木書店、2002 年

『現代課題の哲学的分析――環境の危機・人間の危機・アイデンティティの危機』晃洋書房、2007 年

実在論の新展開
――ポストモダニズムの終焉

2020 年 6 月 25 日　第 1 刷発行
2022 年 3 月 25 日　第 2 刷発行

著　者　河野勝彦

発行者　黒川美富子

発行所　図書出版　文理閣
京都市下京区七条河原町西南角〒600-8146
TEL（075）351-7553　FAX（075）351-7560
http://www.bunrikaku.com

印刷所　モリモト印刷株式会社

ISBN978-4-89259-869-2